"十二五"职业教育国家规划教材

经全国职业教育教材审定委员会审定

JIANZHU QIYE KUAIJI
DANXIANG MONI SHIXUN

建筑企业会计单项模拟实训

第二版

黄雅平　满　莉　主　编
骆竹梅　李爱华　副主编

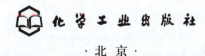
· 北京 ·

内 容 提 要

本教材是黄雅平和李爱华主编、化学工业出版社出版的高职高专规划教材《建筑企业会计实务》的配套实训教材。编者以建筑企业生产经营过程中发生的经济业务为依据，将会计岗位工作内容作为会计实训内容编写而成。全书共分三篇：第一篇为单项模拟实训的基本要求及准备工作；第二篇为实训项目，共包括16个实训项目，实训资料及数据均来源于建筑施工生产全部过程；第三篇为模拟实训用的凭证、账簿等样本。

本教材的编写目的是强化对学生进行会计岗位操作技能的训练，有针对性地培养学生职业岗位能力的形成，在校内完成会计理论知识和会计实践工作的结合，完成岗前的培训，缩短业务工作的磨合期。

本教材可作为高职高专建筑经济管理、建筑会计、工程造价、建筑工程管理等专业的实训教材，也可作为建筑企业会计人员和其他管理人员的学习参考用书。

图书在版编目（CIP）数据

建筑企业会计单项模拟实训/黄雅平，满莉主编．—2版．—北京：化学工业出版社，2020.8
"十二五"职业教育国家规划教材　经全国职业教育教材审定委员会审定
ISBN 978-7-122-36895-9

Ⅰ.①建… Ⅱ.①黄…②满… Ⅲ.①建筑企业-工业会计-高等职业教育-教学参考资料　Ⅳ.①F407.967.2

中国版本图书馆CIP数据核字（2020）第081495号

责任编辑：王文峡　　　　　　　　装帧设计：史利平
责任校对：刘曦阳

出版发行：化学工业出版社（北京市东城区青年湖南街13号　邮政编码100011）
印　　刷：北京京华铭诚工贸有限公司
装　　订：三河市振勇印装有限公司
787mm×1092mm　1/16　印张16½　插页1　字数212千字　2020年9月北京第2版第1次印刷

购书咨询：010-64518888　　　　　　售后服务：010-64518899
网　　址：http://www.cip.com.cn
凡购买本书，如有缺损质量问题，本社销售中心负责调换。

定　价：38.00元　　　　　　　　　　　　　　　　　　　　版权所有　违者必究

前 言

本教材自出版至今已有5年之久。5年来，国家的一些财税政策发生了变化，如取消了原来建筑企业交纳营业税，改为交纳增值税。增值税税率进行了二次调整，一般纳税人适用的增值税税率由原17％降到现在的13％，建筑企业适用的增值税税率由原11％降到目前的9％。本次教材的修订原则就是结合国家最新颁布的增值税的最新政策，以《企业会计准则》为依据对教材的内容进行更新，取消了原教材中营业税有关内容，增加了增值税的内容，将原来的普通发票均改为增值税专用发票，更接近于企业实际工作。

本教材是黄雅平和李爱华主编《建筑企业会计实务》教材配套的实训教材，教材编写的指导思想是以培养学生的职业操作技能为核心，根据企业会计工作过程的具体内容组织教材的编写工作。在校内为学生创建一个仿真的手工模拟实训环境，对学生进行阶段性、针对性、规范性的仿真模拟训练，强化职业能力的培养，实现理论教学与实践教学的完美结合。

通过实训，学生全方位地接触会计实践活动，对会计工作环境及其工作内容有了亲身体验，完成了上岗前的必需训练，缩短了业务工作的磨合期，实现了高职教学的培养目标。

本书的编写人员是有多年建筑企业财务工作经历的教学一线的专职教师和企业财务人员，实训资料来源于建筑企业，实训内容与建筑企业会计岗位工作的内容一致，使用了大量的仿真原始凭证。本教材内容新颖，具有仿真性、实用性、规范性的特点。

本书由辽宁建筑职业学院黄雅平、黑龙江建筑职业技术学院满莉任主编，浙江广厦职业技术学院骆竹梅、河南建筑职业学院李爱华任副主编，参加编写的人员还有中审国际会计师事务所有限公司中州分公司赵恂、辽阳市国有资产经营集团有限公司黄敬雯。

具体编写分工如下：第一篇、第三篇及第二篇的实训4由黄敬雯编写，第二篇的实训1、2、3、5、6、7由黄雅平编写，实训8、9、10由李爱华、赵恂编写，实训11、12、13由满莉编写，实训14、15、16由骆竹梅编写，全书由黄雅平进行统稿和修改工作。

感谢化学工业出版社的大力支持和帮助。

由于编者水平有限，书中难免存在疏漏之处，敬请广大读者提出宝贵意见，以便改进。谢谢！

编　者

2020年3月

第一版前言

随着高等职业教育的发展,各院校对强化学生能力的培养提出了更高的要求,加强实践教学,培养学生的实际动手操作技能成为各职业院校的培养目标,实训教材的建设是实现培养目标的基础保障之一。

本书是化学工业出版社出版、由黄雅平和李爱华主编的高职高专规划教材《建筑企业会计实务》的配套实训教材,教材编写的指导思想是以培养学生的职业操作技能为核心,根据企业会计工作过程的具体内容组织教材的编写工作。在校内为学生创建一个仿真的手工模拟实训环境,对学生进行阶段性、针对性、规范性的仿真模拟训练,强化职业能力的培养,实现理论教学与实践教学的完美结合。通过实训,学生可全方位地接触会计实践活动,对会计工作环境及其工作内容有亲身体验,完成上岗前的必需训练,缩短业务工作的磨合期,实现高职教学的培养目标。

本书的编写人员是有多年建筑企业财务工作经历的教学一线的专职教师和企业财务人员,实训资料来源于建筑企业,实训内容与建筑企业会计岗位工作的内容一致,使用了大量的仿真原始凭证。本教材内容新颖,具有仿真性、实用性、规范性的特点。

本书由辽宁建筑职业学院黄雅平、黑龙江建筑职业技术学院满莉任主编,浙江广厦职业技术学院骆竹梅、河南建筑职业学院李爱华任副主编,参加编写的人员还有来自企业的赵恂、黄敬雯、高华。具体编写分工如下:第一篇和第三篇由高华编写,第二篇的实训一、二、三、五、六由黄雅平编写,实训四、七由赵恂、黄敬雯编写,实训八、九、十由李爱华、赵恂编写,实训十一、十二、十三由满莉编写,实训十四、十五、十六由骆竹梅编写,全书由黄雅平进行统稿和修改工作。

在本教材出版之际,特别感谢化学工业出版社的大力支持和帮助。

由于编者水平有限,书中难免存在不足之处,敬请广大读者提出宝贵意见,以便修订时改进。谢谢!

编 者
2014 年 11 月

目 录

第一篇　建筑企业会计单项模拟实训的要求及准备 …………………………………………… 1

第二篇　建筑企业会计单项模拟实训项目 …………………………………………………… 3

实训一　会计凭证的填制与审核训练 ………………………………………………………… 3

实训二　现金收支核算的训练 ………………………………………………………………… 15

实训三　银行存款收付核算的训练 …………………………………………………………… 25

实训四　交易性金融资产核算的训练 ………………………………………………………… 45

实训五　应收款项核算的训练 ………………………………………………………………… 51

实训六　实际成本法下存货收发核算的训练 ………………………………………………… 75

实训七　计划成本法下存货收发核算的训练 ………………………………………………… 107

实训八　长期股权投资核算的训练 …………………………………………………………… 109

实训九　固定资产核算的训练 ………………………………………………………………… 121

实训十　负债核算的训练 ……………………………………………………………………… 139

实训十一　所有者权益核算的训练 …………………………………………………………… 171

实训十二　工程成本核算的训练 ……………………………………………………………… 179

实训十三　期间费用核算的训练 ……………………………………………………………… 199

实训十四　收入核算的训练 …………………………………………………………………… 209

实训十五　利润核算的训练 …………………………………………………………………… 223

实训十六　财务报表编制的训练 ……………………………………………………………… 231

第三篇　模拟实训用记账凭证及账簿样本 …………………………………………………… 247

参考文献 ………………………………………………………………………………………… 255

第一篇　建筑企业会计单项模拟实训的要求及准备

一、单项模拟实训的目的

"建筑企业会计"课程是建筑类院校建筑经济管理、工程造价、财务会计等专业开设的一门理实一体的专业课程。教师在传授会计核算理论和方法的同时，配合有针对性的模拟实训，不仅在校内完成了会计基本理论与会计实践工作的完美结合，而且培养了学生的岗位能力，学会基本操作技能，毕业就可以顶岗工作。

会计单项模拟实训是利用校内会计模拟实训室，在一个仿真的模拟实训环境中，通过与理论教学同步的模块化的实训，使学生具备会计岗位核算的技能操作，培养学生良好的会计专业基本功，为将来从事实际工作奠定良好的基础。

通过单项模拟实训，学生能熟练掌握不同会计岗位的操作规程，能对会计不同岗位工作的经济业务进行核算，形成岗位核算能力。通过单项模拟实训，学生在校内完成会计顶岗培训，为今后从事建筑企业会计工作打下良好的基础。

二、单项模拟实训主体的基本情况

企业名称：江滨市宏伟建筑工程公司（以下简称宏伟建筑工程公司）
法定代表人：张宏伟
注册地址：江滨市江滨东路 668 号
开户银行：中国建设银行江滨分行（以下简称建设银行江滨分行）
银行基本户账号：666666888888
纳税人识别号：112011848140889
主管会计：李芳　　出纳员：林之冰　　稽核：刘华军
邮政编码：500118

会计核算遵守权责发生制原则，以人民币为记账本位币，金额单位为元，采用借贷记账法。

三、单项模拟实训的要求

1. 会计书写规范

（1）文字书写的要求　文字书写应以楷书或行书为主，字迹正确、工整、清晰，不得任意自造简化字。

（2）数字汉字大写的书写要求

① 数字的汉字大写字体标准为：壹、贰、叁、肆、伍、陆、柒、捌、玖、拾、佰、仟、万、亿、零、整等。一律用正楷或者行书体书写，不得用〇、一、二、三、四、五、六、七、八、九、十等简化字代替。

② 大写金额数字到"元"或者"角"为止的，在"元"或者"角"字之后应当写"整"字，大写金额数字有分的，分字后面不写"整"字。如￥3 500，大写应写为叁仟伍佰元整。

③ 大写金额数字前未印有货币名称的，应当加填货币名称，货币名称与金额数字之间

不得留有空白。

④ 阿拉伯金额数字中间有"0"时,汉字大写金额要写"零";阿拉伯数字金额中间连续有几个"0"时,汉字大写金额中可以只写一个"零";阿拉伯金额数字元位是"0",或者数字中间连续有几个"0",元位也是"0",但角位不是"0"时,汉字大写可以只写一个"零"字。如¥1 001.00,应写为壹仟零壹元整。

(3) 数字小写的书写要求

① 阿拉伯数字应当一个一个地写,字迹工整清晰,不得连笔写。阿拉伯金额数字前面应当书写货币币种或者货币名称的简写和币种符号,币种符号与阿拉伯金额数字之间不得留有空白。凡阿拉伯数字前写有币种符号的,数字后面不再写货币单位。

② 所有以"元"为单位的阿拉伯数字,除表示单价等情况外,一律填写到角分。无角分的,角位和分位可写"00",或者符号"一";有角无分的,分位应当写"0",不得用符号"一"代替。

③ 会计数字书写要有一定的斜角度,向右倾斜45度为宜,上面要留有适当空格,不要写满格,一般应占行距的二分之一或者三分之二,主要是为改错留有余地。如下图所示。

数字小写的书写表示方法图

(4) 凭证及账簿的书写一律用钢笔或碳素笔,禁止使用圆珠笔和铅笔。

2. 使用凭证、账簿及报表的要求

学生在模拟实训中一律使用具有正规格式的凭证、账簿、报表等资料,错账采用正确的方法更正,主要有画线更正法、红字更正法、补充登记法,学生要根据凭证、账簿错误的不同情况选用不同的错账更正方法,禁止刮、擦、涂、抹。

四、单项模拟实训的组织及准备

单项模拟实训是在"建筑企业会计"课程理论教学的同时安排的同步仿真模拟实训,可以分组由几个学生共同完成,也可以由一名学生独立完成不同岗位的核算工作。

指导教师在实训前应及时与实训员取得联系,准备好相关的实训资料及消耗品。实训资料包括记账凭证封皮、记账凭证、会计账簿、会计报表、科目汇总表及模拟印鉴等。其中记账凭证包括收款凭证、付款凭证、转账凭证、通用记账凭证(现在企业通常使用通用记账凭证)。会计账簿包括订本式总账、订本式银行存款及现金日记账、活页三栏式明细账、活页多栏式明细账、活页工程施工明细账、活页数量金额式明细账等。会计报表包括资产负债表、利润表、现金流量表等。模拟印鉴包括预留模拟银行的财务专用章和法人名章、发票专用章等。消耗品包括装订机、尺子、笔、胶水、大头钉、裁纸刀、口取纸、装订绳、印泥等。

第二篇 建筑企业会计单项模拟实训项目

实训一 会计凭证的填制与审核训练

【实训目的】

会计凭证是记录经济业务发生和完成情况的书面证明，也是登记账簿的依据，包括原始凭证和记账凭证。原始凭证是证明经济业务发生情况的书面证明，如发货票、收款收据、入库单、领料单、差旅费报销单、银行各种结算票据、各种分配表等。记账凭证是根据审核无误的原始凭证，按照经济业务的内容加以归类，并据以确定会计分录，作为记账依据的会计凭证，是登记账簿的依据。正确填制会计凭证是会计人员必备的基本技能之一。通过实训，能正确填写和使用原始凭证，能读懂每张原始凭证所反映出来的经济业务，具有填制和审核会计凭证的能力。

【实训资料】

江滨市宏伟建筑工程公司2019年4月发生如下的经济业务。

① 4月2日，收到职工王凯交来的赔偿款200元，填写收款收据一张。原始凭证见表1-1。

② 4月2日，赊销给宏兴物资经销处425#水泥20吨，300元/吨，填写增值税专用发票一张。原始凭证见表1-2。

③ 4月2日，销售给兴旺采购经销站钢材10吨，售价4 100元/吨，收到转账支票一张计40 000元，现金1 000元，均已存入银行，填写发票及进账单。原始凭证见表1-3、表1-4。

④ 4月4日，购入红松木方8立方米，单价1 200元/立方米，已验收入库，填写收料单一张。原始凭证见表1-5。

⑤ 4月8日，第一项目部1号住宅楼工地从仓库领用2立方米红松木方，单价1 200元/立方米，计划单价为1 100元/立方米，填写领料单一张。原始凭证见表1-6。

⑥ 4月15日，李宾从上海出差归来，报销差旅费。出差时间是4月8日，总借款计5 000元，从江滨市到上海市往返路费1 080元，住宿费每天240元，共5天，市内交通费包干，每天30元，伙食补助每天50元，会务费1 000元，其余款项返回，填写差旅费报销表一张。原始凭证见表1-7。

⑦ 4月20日，技术科王强到北京开会，借差旅费现金5 000元，填写借款单一张。原始凭证见表1-8。

⑧ 4月25日，出纳员林之冰签发现金支票一张，从银行提取现金6 000元备用。原始凭证见表1-9。

⑨ 4月26日，归还江滨水泥制品厂水泥款4 500元，签发转账支票一张。原始凭证见表1-10。

⑩ 4月27日，将现金2 640元送存到开户银行，填写现金交款单一张。原始凭证见表1-11。

⑪ 4月28日，收到建设单位正泽股份有限公司的300 000元转账支票一张，见表1-12，系当月工程款，填写进账单，见表1-13，存入开户银行。

⑫ 4月29日，委托开户银行签发银行汇票50 000元，到冰城市木器厂购木门，木器厂的开户行及账号为工商银行1122334455，填写委托书。原始凭证见表1-14。

⑬ 4月30日，将30 000元电汇到重庆市繁荣建材公司购木材，账号334433443344，填写电汇凭证。原始凭证见表1-15。

表 1-1　专用收款收据

收款日期　　年　　月　　日

付款单位		收款单位		收款项目	
人民币（大写）		百十万千百十元角分			结算方式
事由				经办部门	
				经办人员	
上述款项照数收讫无误 收款单位财务章		会计主管	稽　核	出　纳	交领款人

表 1-2　江滨市增值税专用发票
发　票　联

开票日期　　年　　月　　日

购货单位	名　称		纳税人识别号		
	地　址		开户银行及账号		
货物或应税劳务名称	计量单位	数量	单价	金　额 十万千百十元角分	税　额 十万千百十元角分
价税合计(大写)				税　率	13%
供货单位名称			开户银行及账号		

收款单位盖章　　　　　　　收款人　　　　　　　开票人

表 1-3　江滨市增值税专用发票
发　票　联

开票日期　　年　　月　　日

购货单位	名　称		纳税人识别号		
	地　址		开户银行及账号		
货物或应税劳务名称	计量单位	数量	单价	金　额 十万千百十元角分	税　额 十万千百十元角分
合计(大写)				税　率	13%
供货单位名称			开户银行及账号		

收款单位盖章　　　　　　　收款人　　　　　　　开票人

表 1-4　中国建设银行进账单

年　　月　　日

付款人	全　称		收款人	全　称	
	账　号			账　号	
	开户银行			开户银行	

人民币（大写）	千	百	十	万	千	百	十	元	角	分

票据种类	
票据张数	收款人开户银行盖章
单位主管　会计　复核　记账	

表 1-5　收料单

供货单位　　　　　　　　　年　　月　　日　　　　　　　　收料单号：001

材料名称	材料规格	计量单位	实收数量	实际成本		总计
				买价		
				单价	合计	
合计						

记账　　　　　　　　　　　收料　　　　　　　　　　　制单

表 1-6　领料单

领料部门　　　　　　　　　年　　月　　日　　　　　　　　领料单号：051

用途									
材料类别	名称	规格	计量单位	实发数量	单价		金额	
					计划	实际	计划	实际
合计								

领料　　　　　　　　　　　发料　　　　　　　　　　　项目经理

表 1-7　差旅费报销表

单位　　　　　　　　　　　年　　月　　日

月	日	时间	出发地	月	日	时间	到达地	机票费	车船费	卧铺费	夜行车补助		市内交通费		宿费			出差补助		合计	
											小时	金额	实支	包干	标准	实支	提成扣减	天数	金额		
出差任务		报销金额（大写）													预借金额						
		单位领导			部门领导			出差人							报销金额						
															结余或超支						

表 1-8　借款单

年　　月　　日

借款单位		姓　名		出差地点天数	
事　由		借款金额大写			
单位负责人签　章		借款人签章			
		注意事项 1. 由借款人填写。 2. 凡借用公款必须使用本单。 3. 第三联为正式借据由借款人和单位负责人签章。 4. 出差返回后三日内结算。			

表 1-9　现金支票

中国建设银行 现金支票存根 XII000888002		中国建设银行　现金支票　　　　　　　XII000888002												
科　目 对方科目 出票日期　年　月　日 收款人：_____ 金　额：_____ 用　途：_____ 单位主管　　会计	本支票付款期限十天	出票日期　　年　　月　　日　　　付款行 收款人　　　　　　　　　　　　账　号												
		人民币 （大写）	亿	千	百	十	万	千	百	十	元	角	分
		用途：_____ 上述款项从我 单位账户中支付。	科　目 对方科目										
			出纳　　　复核　　　记账										
			贴对号单处					XII000888002					

表 1-10　转账支票

| 中国建设银行
转账支票存根
XII000666001
科　目
对方科目
出票日期　年 月 日
收款人：＿＿＿＿
金　额：＿＿＿＿
用　途：＿＿＿＿
单位主管　　会计 | 中国建设银行　转账支票　　　　XII000666001
出票日期　　年　　月　　日　　付款行
收款人　　　　　　　　　　　账　号
人民币
（大写）　　　　　　　　　亿千百十万千百十元角分
用　途：＿＿＿＿＿
上述款项从我
单位账户中支付。　　　　科　目
　　　　　　　　　　　　对方科目
　　　　　　　　　　　　出纳　　复核　　记账
　　　　　　　　　　　　贴对号单处　　XII000666001 |

本支票付款期限十天

表 1-11　中国建设银行　现金交款单

币别　　　　　　年　月　日　　　　　流水号

单位填写	收款单位		交款人	
	账　号		款项来源	
券　别	（大写）		亿千百十万千百十元角分
银行确认填写栏				

收款银行盖章　　　　　　　　　收款人　张维

表 1-12　转账支票

中国建设银行　转账支票　　　　XII000658100
出票日期　贰零壹玖 年　零肆 月　贰拾捌 日　　付款行　江滨市工商银行新城办事处
收款人：江滨市宏伟建筑工程公司　　账　号　111111222222
人民币
（大写）　叁拾万元整　　　　亿千百十万千百十元角分
　　　　　　　　　　　　　　　　¥ 3 0 0 0 0 0 0 0
用　途：工程款
上述款项从我
单位账户中支付。　　　　科　目
　　　　　　　　　　　　对方科目
　　　　　　　　　　　　出纳　　复核　　记账
　　　　　　　　　　　　贴对号单处　　XII000658100

表 1-13　中国建设银行进账单
年　　月　　日

出票人	全　称		收款人	全　称	
	账　号			账　号	
	开户银行			开户银行	

人民币（大写）		百	十	万	千	百	十	元	角	分

票据种类	
票据张数	

出票人开户银行盖章

单位主管　　会计　　复核　　记账

表 1-14　中国建设银行汇票委托书
委托日期　　年　　月　　日　　　　　第 004321 号

汇款人		收款人	
账　号		账　号	
兑付地点		兑付行	汇款用途

汇款金额（大写）		千	百	十	万	千	百	十	元	角	分

表 1-15　中国建设银行　电汇凭证
委托日期　　年　　月　　日

收款人	全　称		汇款人	全　称	
	账　号			账　号	
	汇入地点			汇出地点	

金额（大写）		千	百	十	万	千	百	十	元	角	分

款项用途

上列款项已根据委托办理，如需查询请持此回单来行面洽。

汇出行盖章
年　　月　　日

单位主管　　会计　　复核　　记账

【实训要求】

1. 根据江滨市宏伟建筑工程公司 4 月份发生的经济业务，填制相应的原始凭证，并进行审核。

2. 根据审核无误的原始凭证，填制收款凭证、付款凭证、转账凭证，或填制通用记账凭证，并进行审核。

实训二　现金收支核算的训练

【实训目的】

学会现金收支业务需要办理的凭证手续，能对现金收支的原始凭证进行审核，能根据审核无误的原始凭证办理现金收支业务，学会编制收付款记账凭证，学会登记现金日记账，会结账，具有办理现金收支业务核算的能力。

【实训资料】

江滨市宏伟建筑工程公司 2019 年 4 月 1 日现金日记账期初借方余额为 7 600 元，经银行核定，该公司库存现金限额为 8 000 元，本月该公司发生如下现金收支业务及取得或填写的原始凭证如下。

① 4 月 2 日，签发现金支票一张，从银行提取现金 2 000 元，备用。原始凭证见表 2-1。

② 4 月 5 日，公司行政科购买办公柜一组，付现金 260 元。原始凭证见表 2-2。

③ 4 月 8 日，公司办公室陈红到北京出差，预借差旅费 3 000 元，现金付讫。原始凭证见表 2-3。

④ 4 月 15 日，公司收到当月房屋租金收入 12 000 元，并存入银行。原始凭证见表 2-4、表 2-5。

⑤ 4 月 20 日，采购员李小江报销零星采购款 1 050 元，现金付讫。原始凭证见表 2-6、表 2-7。

⑥ 4 月 23 日，陈红出差归来报销差旅费 3 260 元，补付现金 260 元。原始凭证见表 2-8。

⑦ 4 月 24 日，职工王敏报销医药费 1 216 元，现金付讫。原始凭证见表 2-9、表 2-10。

⑧ 4 月 26 日，从银行提取现金 2 000 元，备用。原始凭证见表 2-11。

⑨ 4 月 27 日，将现金 5 000 元存入开户银行。原始凭证见表 2-12。

表 2-1　中国建设银行
现金支票存根
VIV：00600801

科　目	
对方科目	
出票日期	2019 年 4 月 2 日
收款人：	江滨市宏伟建筑工程公司
金　额：	2 000
用　途：	备用

表 2-2 江滨市增值税专用发票
发 票 联

开票日期 2019 年 4 月 5 日

购货单位	名 称	江滨市宏伟建筑工程公司			纳税人识别号					112011848140889						
	地 址	江滨东路668号			开户银行及账号					建设银行江滨分行 666666888888						
货物或应税劳务名称	计量单位	数量	单 价		金　　额							税　　额					
					十	万	千	百	十	元	角	分	十	万	千	百	十	元	角	分
办公柜	组	1	260				2	6	0	0	0						3	3	8	0
价税合计(大写)	贰佰玖拾叁元捌角整											税 率			13%		
供货单位名称	江滨市办公用品经销处											结算方式			现 金		

收款单位盖章　　　　　　　　　　收款人：王威　　　　开票人：牛可

表 2-3 借款单

2019年 4 月 8 日

借款单位	办公室	姓 名	陈红	出差地点	北京
事 由	出 差	借款金额(大写)：叁仟元整			
单位负责人签 章	张伟宏印	借款人签章		陈红	
		注意事项 1. 由借款人填写。 2. 凡借用公款必须使用本单。 3. 第三联为正式借据由借款人和单位负责人签章。 4. 出差返回后三日内结算。			

(三)记账凭证

表 2-4 江滨市增值税专用发票
发 票 联

开票日期 2019 年 4 月 15 日

购货单位	名 称	江滨永发公司			纳税人识别号					1120118481487554						
	地 址	江滨东路1002号			开户银行及账号					建设银行江滨分行 45451234						
货物或应税劳务名称	计量单位	数量	单 价		金　　额							税　　额					
					十	万	千	百	十	元	角	分	十	万	千	百	十	元	角	分
房屋租赁						1	1	4	2	8	5	7			5	7	1	4	3
价税合计(大写)	壹万贰仟元整											税 率			5%		
销货单位	名 称	江滨市宏伟建筑工程公司			纳税人识别号					112011848140889		
	地 址	江滨东路668号			开户银行及账号					建设银行江滨分行 666666888888		

收款单位盖章　　　　　　　　　　收款人：王威　　　　开票人：赵光达

表 2-5 中国建设银行 现金交款单（回单）

币别　　　　　　　　2019 年 4 月 15 日　　　　　　流水号

单位填写	收款单位	江滨市宏伟建筑工程公司	交款人	江滨市宏伟建筑工程公司
	账　号	666666888888	款项来源	租金收入

券别	（大写）壹万贰仟元整	建设银行江滨分行 2019.4.15 转讫章 (5)	亿	千	百	十	万	千	百	十	元	角	分
						¥	1	2	0	0	0	0	0

银行确认填写栏

收款银行盖章　　　　　　　　　　　　　　　　　　收款人：张维

表 2-6 江滨市增值税专用发票

发　票　联

开票日期 2019 年 4 月 20 日

购货单位	名　称	江滨市宏伟建筑工程公司	纳税人识别号	112011848140889
	地　址	江滨东路 668 号	开户银行及账号	建设银行江滨分行 666666888888

货物或应税劳务名称	计量单位	数量	单价	金　　　额								税　　　额							
				十	万	千	百	十	元	角	分	十	万	千	百	十	元	角	分
材料见明细表					1	0	5	0	0	0					1	3	6	5	0
价税合计(大写)	壹仟壹佰捌拾陆元伍角整											税　率		13%					
供货单位名称	江滨市建材销售公司			结算方式								现　金							

收款单位盖章　　　　　　收款人：韩明　　　　　　开票人：王力

表 2-7 材料明细表

购货单位：江滨市宏伟建筑工程公司　　2019年4月20日

品名及规格	单位	数　量	单　价	金　　　额							
				十	万	千	百	十	元	角	分
绑线	千克	100	5				5	0	0	0	0
钉子	盒	30	15				4	5	0	0	0
开关	个	20	2					4	0	0	0
插座	个	30	2					6	0	0	0
合　计						¥	1	0	5	0	0	0

表 2-8　差旅费报销表

单位：江滨市宏伟建筑工程公司　　　2019 年 4 月 23 日

月	日	出发时间	出发地	月	日	到达时间	到达地	机票费	车船费	卧铺费	夜行车补助(小时)	夜行车补助(金额)	市内交通费(实支)	市内交通费(包干标准)	宿费(实支)	宿费(提成扣减)	出差补助(天数)	出差补助(金额)	合计
4.11			江滨 — 北京						800				450		960		5	250	2 460
4.15			北京 — 江滨						800										800

出差任务	开会	报销金额(大写)：叁仟贰佰陆拾元整		预借金额	3 000
		单位领导	张伟宏（印）	报销金额	3 260
		部门　办公室	出差人　陈红	结余或超支	260

表 2-9　江滨市门诊医药费收费收据

江财政监滨字第 661101 号

姓名：王敏
处方编号：6000036881　科室：外　医生：34
治疗费：80
中药费：520

人民币大写：陆佰元整　　收款员：AH

表 2-10　江滨市门诊医药费收费收据

江财政监滨字第 661106 号

姓名：王敏
处方编号：6000036882　科室：外　医生：35
治疗费：80
西药费：536

人民币大写：陆佰壹拾陆元整　　收款员：AH

表 2-11　中国建设银行
现金支票存根

VIV：00600802

科　目
对方科目
出票日期　2019 年 4 月 26 日

收款人：	江滨市宏伟建筑工程公司
金　额：	2 000
用　途：	备用

表 2-12　中国建设银行　现金交款单（回单）

币别			2019 年 4 月 27 日							流水号			
单位填写	收款单位	江滨市宏伟建筑工程公司		交款人		江滨市宏伟建筑工程公司							
	账　号	666666888888		款项来源		备　　用							
券别	金额(大写)：伍仟元整			亿	千	百	十万	千	百	十	元	角	分
							¥	5	0	0	0	0	0
银行确认填写栏													

收款人：张维　　　　　　　　　　　　收款银行盖章

【实训要求】

1. 为江滨市宏伟建筑工程公司开设现金日记账，并录入 4 月份期初余额。
2. 根据 4 月发生的经济业务编制记账凭证。
3. 根据编制的记账凭证登记现金日记账，并结出期末余额。

实训三　银行存款收付核算的训练

【实训目的】

学会银行存款收付业务办理的凭证手续，能对银行存款收付的原始凭证进行审核，并办理银行存款收支业务，会编制银行存款收付款记账凭证并进行审核，会登记银行存款日记账，会结账。会与银行对账，并编制银行存款余额调节表。具有银行存款收付业务的核算能力。

【实训资料】

江滨市宏伟建筑工程公司 2019 年 4 月 1 日银行存款日记账期初借方余额为 2 868 050 元，本月该公司发生的银行存款收支业务及取得和填写的原始凭证如下。

① 4 月 4 日，收到委托收款通知，林海市新新公司转入工程款 600 000 元。原始凭证见表 3-1、表 3-2。

② 4 月 8 日，通过银行办理电汇手续一份，支付手续费 11.50 元，将 150 000 元款项汇往林海市汇丰公司，归还前欠的材料款，同时收到对方开来的收款收据一张。原始凭证见表 3-3、表 3-4、表 3-5。

③ 4 月 9 日，购入木材 50 立方米，单价 1 500 元/立方米，通过银行转账支付。原始凭证见表 3-6、表 3-7。

④ 4 月 10 日，通过银行转账上交城市维护建设税 6 000 元。原始凭证见表 3-8。

⑤ 4 月 12 日，行政科借定额备用金 20 000 元，开出现金支票一张。原始凭证见表 3-9、表 3-10。

⑥ 4 月 15 日，签转账支票 64 500 元，归还前欠钢材款。原始凭证见表 3-11、表 3-12。

⑦ 4 月 18 日，购入搅拌机以信汇方式付款 12 000 元。原始凭证见表 3-13、表 3-14。

⑧ 4 月 20 日，委托银行签发银行汇票一张，价款 210 000 元。原始凭证见表 3-15。

⑨ 4 月 23 日，以银行汇票购入钢材一批，价款 195 200 元，多余款自动退回。原始凭证见表 3-16、表 3-17。

⑩ 4 月 25 日，存入现金 10 000 元。原始凭证见表 3-18。

⑪ 4 月 28 日，通过银行托收支付本月电话费 5 640 元。原始凭证见表 3-19。

⑫ 4 月 29 日，收到建设单位盛兴开发公司拨付的前欠工程款 200 000 元存入银行。原始凭证见表 3-20、表 3-21。

⑬ 4 月 30 日，收到江滨市盛达集团开出的转账支票一张，系前欠工程款 35 000 元。原始凭证见表 3-22、表 3-23。

⑭ 4 月 30 日，签发转账支票一张，购买办公用打印纸 2 500 元。原始凭证见表 3-24、表 3-25。

⑮ 4 月 30 日，出纳员到开户行打来对账单一份。原始凭证见表 3-26。

表 3-1 委托收款凭证（收款通知）

委托日期 2019 年 4 月 4 日

付款人	全 称	林海市新新公司	收款人	全 称	江滨市宏伟建筑工程公司	此联给收款人开户银行是收款人的收款通知
	账 号	10080066995544		账 号	666666888888	
	开户银行	工商银行林海分行		开户银行	建设银行江滨分行	
托收金额	人民币（大写）：陆拾万元整			千百十万千百十元角分 ¥ 6 0 0 0 0 0 0 0		
款项内容	工程款	委托收款凭据名称		附寄单证张数	建设银行江滨分行 2019.4.4 转讫章 (5)	
备注：电划		款项收妥日期 2019 年 4 月 3 日	工商银行林海分行 2019.4.3 转讫章	收款单位盖章 2019 年 4 月 4 日		

付款人开户行盖章　　　　　单位主管　　　　会计　　　　复核　　　　记账

表 3-2 专用收款收据

收款日期 2019 年 4 月 4 日

付款单位	林海市新新公司		收款单位	江滨市宏伟建筑工程公司		第二联 收款单位收款凭据
人民币（大写）	陆拾万元整		百十万千百十元角分 ¥ 6 0 0 0 0 0 0 0		结算方式 转 账	
事由	预收的工程款			经办部门		
				经办人员		
上述款项照数收讫无误 收款单位财务章		会计主管 方维	稽 核 刘华军	出 纳 林之冰	交款人 周健	

表 3-3 业务收费凭证

币别：人民币　　　　2019年4月8日　　　　流水号：21070600811

付款人	江滨市宏伟建筑工程公司		账 号	666666888888
工本费	手续费	电子汇划费金额		合计
0.50	1.00	10.00		RMB11.50
金额(大写)：壹拾壹元伍角整				建设银行江滨分行 2019.4.8 转讫章 (5)
付款方式	转 账			
备注：业务类型：电汇				
出售起号：	凭证种类：			
出售张数：			开户银行盖章	

表 3-4 中国建设银行电汇凭证（回单）

委托日期 2019 年 4 月 8 日

收款人	全称	林海市汇丰公司	汇款人	全称	江滨市宏伟建筑工程公司	此联是汇出行给汇款人的回单
	账号	2100006789001		账号	666666888888	
	汇入地点	工商银行林海分行		汇出地点	建设银行江滨分行	

金额(大写)	壹拾伍万元整	千	百	十	万	千	百	十	元	角	分
			￥	1	5	0	0	0	0	0	0

款项用途： 还前欠款

上列款项已根据委托办理，如需查询请持此回单来行面洽。

汇出行盖章：
2019 年 4 月 8 日

单位主管   会计   复核   记账

（建设银行江滨分行 2019.4.8 转讫章）

表 3-5 收据

2019 年 4 月 8 日

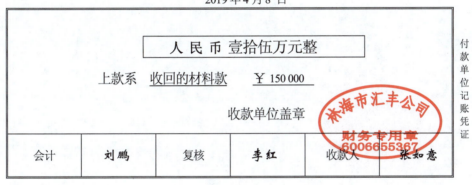

人 民 币 壹拾伍万元整

上款系 收回的材料款   ￥150 000

收款单位盖章

（林海市汇丰公司 财务专用章 6006655367）

付款单位记账凭证

会计	刘鹏	复核	李红	收款人	张如意

表 3-6 林海市增值税专用发票

发 票 联

开票日期 2019 年 4 月 9 日

购货单位	名称	江滨市宏伟建筑工程公司	纳税人识别号	112011848140889
	地址	江滨东路 668 号	开户银行及账号	建设银行江滨分行 666666888888

货物或应税劳务名称	计量单位	数量	单价	金 额								税 额							
				十	万	千	百	十	元	角	分	十	万	千	百	十	元	角	分
落叶松	立方米	50	1 500		7	5	0	0	0	0	0			9	7	5	0	0	0
价税合计(大写)	捌万肆仟柒佰伍拾元整											税率			13%				
供货单位名称	林海市富丽木材经销处			开户银行及账号															

收款单位盖章   收款人：沈洁   开票人：王信义

（林海市富丽木材经销处 发票专用章 6006655523658）

表 3-7 中国建设银行托收承付结算凭证（承付、支款通知）

委托日期 2019 年 4 月 9 日

收款人	全 称	林海市富丽木材经销处	付款人	全 称	江滨市宏伟建筑工程公司
	账 号	688833456210		账 号	666666888888
	开户银行	建设银行林海支行		开户银行	建设银行江滨分行

托收金额	人民币(大写)：捌万肆仟柒佰伍拾元整	百	十	万	千	百	十	元	角	分
			￥	8	4	7	5	0	0	0

附件		商品发运情况		合同名号码	
附寄单证张数或册数					

备注：还前欠木材款	付款人注意： 1.根据结算方式规定，上列托收款项，在承付期限内未拒付，即视同全部承付。如系全额支付以此联代支款通知，如延期或部分支付时，再由银行另送延付或部分的支款通知。 2.如提前承付或多承付时，应另写书面通知送银行办理。 3.如系全部或部分拒付，应在承付期限内另填拒付理由书送开户行办理。

（盖章：建设银行江滨分行 2019.4.9 转讫章 (5)）

此联是承付付款货人款开的户承银付行或通支知款付通人款知按人期

付款人开户行　　2019年4月9日　　单位主管　　会计　　复核

表 3-8 中华人民共和国地税收通用缴款书

隶属关系：地区　　　　　　　　　　　江地缴字 NO8822601

注册类型：国有企业　　填发日期 2019 年 4 月 10 日　　征收机关：江滨市税务局

缴款单位	代 码	211064212797792	预算单位	编 码	0021359
	全 称	江滨市宏伟建筑工程公司		名 称	一般营业税
	开户银行	建设银行江滨分行		级 次	市级
	账 号	666666888888		收款国库	人民银行中心库

税款所属日期　2019年4月　　税款缴款日期　2019年4月

品 名 称	课税数量	计税金额或销售收入	税率或单位税额	已缴或扣除额	实缴金额
城市维护建设税		85 714.26	7%		6 000

金额合计（大写）	陆仟元整

（盖章：江滨市宏伟建筑工程公司 10011234567890 发票专用章）（盖章：张伟宏印）　　　　（盖章：建设银行江滨分行 2019.4.10 转讫章 (5)）

缴款单位盖章　　税务机关盖章　　上列款项已收妥并划转收款单位账户　　备注

第后一退缴国款库单银位行的收完款税盖凭章证

表 3-9 借款单

2019 年 4 月 12 日

借款单位	行政科	姓　名	李伟	出差地点天数	
事　由	定额备用金	借款金额(大写)：贰万元整			
单位负责人签　章	张伟宏印	借款人签章		李伟	
^	^	注意事项 1. 由借款人填写。 2. 凡借用公款必须使用本单。 3. 第三联为正式借据由借款人和单位负责人签章。 4. 出差返回后三日内结算。				

记账凭证

表 3-10　中国建设银行现金支票存根
VIV：006894703

科　目
对方科目

出票日期 2019 年 4 月 12 日

收款人：	江滨市宏伟建筑工程公司
金　额：	2 000
用　途：	定额备用金

表 3-11　中国建设银行转账支票存根
VIV：005894504

科　目
对方科目

出票日期 2019 年 4 月 15 日

收款人：	江滨市繁荣钢材有限公司
金　额：	64 500
用　途：	前欠钢材款

表 3-12　专用收款收据

收款日期 2019 年 4 月 15 日

付款单位	江滨市宏伟建筑工程公司	收款单位	江滨市繁荣钢材有限公司								结算方式	
人民币 (大写)	陆万肆仟伍佰元整		百	十	万	千	百	十	元	角	分	转　账
^	^	^	¥	6	4	5	0	0	0	0	^
事　由	前欠钢材款		经办部门									
^	^	经办人员										
上述款项照数收讫无误。 收款单位财务章	会计主管	稽　核	出　纳	交款人
^	周芳	张宁	崔雪	周健

第三联 付款单位付款凭据

第二篇 建筑企业会计单项模拟实训项目

表 3-13　中国建设银行　信汇凭证（回单）

委托日期 2019 年 4 月 18 日

收款人	全　称	东平市机械工程有限公司	汇款人	全　称	江滨市宏伟建筑工程公司
	账　号	88978923862494		账　号	666666888888
	汇入地点	工商银行东平和平支行		汇出地点	建设银行江滨分行
金额（大写）		壹万贰仟元整		千百十万千百十元角分 ¥ 　　1 2 0 0 0 0 0	

款项用途：购设备

上列款项已根据委托办理，如需查询请持此回单来行面洽。

汇出行盖章：

2019 年 4 月 18 日

单位主管　　会计　　复核　　记账

此联是汇出行给汇款人的回单

表 3-14　增值税专用发票（记账联）

开票日期 2019 年 4 月 18 日　　№000112

购货单位	名称：江滨市宏伟建筑工程公司	密码区
	纳税人识别号：20012345678	
	地址：江滨市江滨东路 668 号	
	开户行及账号：建设银行江滨分行 666666888888	

货物或应税劳务名称 合　计	规格 型号	单位 台	数量 1	单价 10 619.47	金额 10 619.47	税率 13%	税额 1 380.53

价税合计（大写）：壹万贰仟元整　　　　　　　（小写）12 000

销货单位	名称：东平市机械工程有限公司	备注
	纳税人识别号：2233445566	
	地址：东平迎宾路 18 号	
	开户行及账号：工商银行东平和平支行 88978923862494	

收款人：　　复核：　　开票人：　　销货单位（盖章）

第一联记账联销货方记账凭证

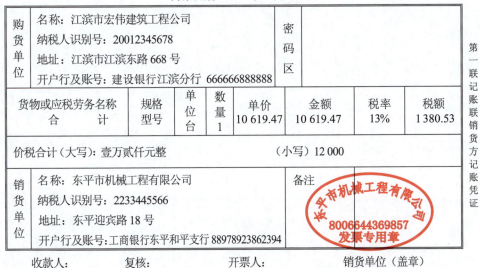

表 3-15　中国建设银行汇票委托书　　　（存根）

委托日期 2019 年 4 月 20 日　　第 014525 号

汇款人	江滨市宏伟建筑工程公司	收款人	东平市飞龙玻璃钢有限公司
账　号	666666888888	账　号	2105224560045
兑付地点	江滨市	兑付行	建设银行江滨分行	汇款用途	购玻璃钢
汇款金额（大写）	贰拾壹万元整		千百十万千百十元角分 ¥ 　2 1 0 0 0 0 0 0

表 3-16　中国建设银行　汇款号码 005435

银行汇票（多余款收账通知）　第 566654 号

签发日期 2019 年 4 月 23 日

兑付地点：东平市　兑付行：工行中心支行　行号：364875

收款人：东平市飞龙玻璃钢有限公司　账号：2105224560045

汇款金额人民币(大写)：贰拾壹万元整

实际结算金额人民币(大写)：壹拾玖万伍仟贰佰元整

百	十	万	千	百	十	元	角	分
¥	1	9	5	2	0	0	0	0

汇款人：江滨市宏伟建筑工程公司
账号或住址：5006682212001808
签发行：中国人民建设银行江滨分行
汇款用途：购材料

多余金额

万	仟	百	十	元	角	分
1	4	8	0	0	0	0

左列退回多余金额已收入你账号
财务　经办人
主管

此联签发行结清后交汇款人

表 3-17　东平市增值税专用发票

发　票　联

开票日期 2019 年 4 月 23 日

购货单位	名　称	江滨市宏伟建筑工程公司			纳税人识别号					112011848140889							
	地　址	江滨东路 668 号			开户银行及账号					建设银行江滨分行 6666666888888							

货物或应税劳务名称	计量单位	数量	单价	金　　额								税　　额					
				十	万	千	百	十	元	角	分	十	万	千	百	十	元	角	分
玻璃钢	平方米	32	5 398.23		1	7	2	7	4	3	6			2	2	4	5	6	6	4

价税合计(大写)：壹拾玖万伍仟贰佰元整　　税率　13%

供货单位名称：东平市飞龙玻璃钢有限公司　开户银行及账号

收款单位盖章　　收款人：吴天　　开票人：何伟

表 3-18　中国建设银行　现金交款单（回单）

币别　　2019 年 4 月 25 日　　流水号

单位填写	收款单位	江滨市宏伟建筑工程公司	交款人	江滨市宏伟建筑工程公司
	账　号	6666666888888	款项来源	备　用

券别(大写)	壹万元整	亿	千	百	十	万	千	百	十	元	角	分
					¥	1	0	0	0	0	0	0

银行确认填写栏

收款人：张维　　收款银行盖章

表 3-19　同城特约委托收款专用发票（发票联）

委托日期 2019 年 4 月 28 日　　　　委托号码 0064866

收款人	全　称	中国网通集团江滨分公司	付款人	全　称	江滨市宏伟建筑工程公司
	账　号	0711020187645322		账　号	666666888888
	开户银行	江滨工商银行宏伟支行		开户银行	建设银行江滨分行
托收金额	人民币（大写）：伍仟陆佰肆拾元整			￥5 640	
款项内容		凭据张数	一张	合同号码	1102586
月租费　1 200.00 本地话费　4 212.00 长话费　2 028.00 优惠费　1 800.00 本月话费 5 640.00		收款单位盖章		注意事项： 1、上列款项实行见票全额付款； 2、上列款项若有误，与收款单位协商解决。	

此联是报销凭证

表 3-20　专用收款收据

收款日期 2019 年 4 月 29 日

付款单位	北宁市盛兴开发公司			收款单位			江滨市 宏伟建筑工程公司				
人民币 （大写）	贰拾万元整	百	十万	千	百	十元	角	分	结算方式		转　账
		￥	2	0	0	0 0 0	0	0			
事由	前欠工程款				经办部门人员						
上述款项照数收讫无误。 收款单位财务章		会计主管 方维			稽　核 刘华军			出　纳 林之冰		交款人 周健	

第二联收款单位收款凭据

表 3-21　中国工商银行　信汇凭证（收账通知或取款通知）

委托日期 2019 年 4 月 29 日

汇款人	全　称	北宁市盛兴开发公司	收款人	全　称	江滨市宏伟建筑工程公司						
	账　号	10400065874		账　号	666666888888						
	汇出地点	北宁市工行江北支行		汇入地点	建设银行江滨分行						
金额（大写）		贰拾万元整		千	百	十万	千	百	十元	角	分
					￥	2	0	0 0 0	0	0	0
款项用途：	前欠工程款										

上列款项已代为进账，如有错误请持此联单来行面洽。

汇入行盖章　2019 年 4 月 29 日

此联是汇入行给收款人的收账通知

表 3-22 中国建设银行进账单（收账通知）

2019 年 4 月 30 日

出票人	全 称	江滨市盛达集团	收款人	全 称	江滨市宏伟建筑工程公司	此联是收款人开户行交给收款人的通知
	账 号	876355673944		账 号	666666888888	
	开户银行	工商银行江滨分行		开户银行	中国建设银行江滨分行	

人民币（大写）：叁万伍仟元整	百	十	万	千	百	十	元	角	分
		¥	3	5	0	0	0	0	0

票据种类	
票据张数	出票人开户银行盖章
单位主管 会计 复核 记账	

（建设银行江滨分行 2019.4.30 转讫章）(5)

表 3-23 收据

2019 年 4 月 30 日

会计	贾鹏	复核	李新红	收款人	张如意

付款单位记账凭证

表 3-24 中国建设银行
转账支票存根
VIV：005894505

科　目
对方科目
出票日期　2019 年 4 月 30 日

收款人：	江滨市文化用品商店
金　额：	2 500
用　途：	购打印纸

表 3-25　江滨市增值税专用发票

发　票　联

开票日期 2019 年 4 月 30 日

购货单位	名　称	江滨市宏伟建筑工程公司			纳税人识别号					112011848140889						
	地　址	江滨东路668号			开户银行及账号					建设银行江滨分行 666666888888						
货物或应税劳务名称	计量单位	数量	单价	金　额							税　额					
				十万	千	百	十	元	角	分	十万	千	百	十	元	角	分
打印纸	箱	9	245.82		2	2	1	2	3	8			2	8	7	6	2
价税合计(大写)	贰仟伍佰元整										税率			13%		
供货单位名称				开户银行及账号												

收款单位盖章　　　　　　收款人：王伟　　　　开票人：高飞

表 3-26　中国建设银行客户存款对账单　币种人民币

交易日期	摘　要	借方发生额	贷方发生额	余　额
20190401	期初余额			2 810 000
20190404	收工程款	600 000		
20190408	付手续费		11.50	
20190408	电手续费		150 000	
20190409	还材料款		75 000	
20190410	购材料		6 000	
20190412	交税金		20 000	
20190415	提现金		64 500	
20190418	还材料款		12 000	
20190420	购搅拌机		210 000	
20190423	转入存款	14 800		
20190425	存入现金	10 000		
20190428	付电话费		5 640	
20190429	收工程款	200 000		
20190430	收工程款	35 000		
20190430	收工程款	30 000		
20190430	付水费		18 000	3 196 698.50

【实训要求】

1. 为江滨市宏伟建筑工程公司开设银行存款日记账，并录入4月期初余额。
2. 根据4月发生的经济业务编制记账凭证。
3. 根据编制的记账凭证登记银行存款日记账，并结出期末余额。
4. 将企业银行存款日记账与银行对账单核对，编制银行存款余额调节表。

实训四 交易性金融资产核算的训练

【实训目的】

熟知金融资产的内涵与分类，能对交易性金融资产的取得、期末计息、期末计量、处置业务进行核算，具有对交易性金融资产核算的能力。

【实训资料】

资料1：江滨市宏伟建筑工程公司2019年3月末有关账号的期末余额见表4-1。

表4-1 江滨市宏伟建筑工程公司2019年3月末余额表

总分类账号	明细账号	借方余额
交易性金融资产	胜利集团债券—成本	200 000
交易性金融资产	胜利集团债券—公允价值变动	2 000
应收利息	胜利集团债券	10 000

资料2：江滨市宏伟建筑工程公司2019年4月发生的经济业务及相关原始凭证如下。

① 4月1日，企业持有的胜利集团债券到期收回。原始凭证见表4-2。

② 4月10日，宏伟建筑工程公司购入汇集集团股票100 000股，每股5元，付手续费等2 100元，汇集集团已于3月1日公布分配方案为每10股派现金0.50元（不含税），股权登记日为4月2日，派发股利日为4月22日。原始凭证见表4-3。

③ 4月12日，宏伟建筑工程公司从基本存款账号转出1 000 000元，转入广宏证券公司进行投资。原始凭证见表4-4。

④ 4月22日，收到汇集集团派发的现金股利5 000元。原始凭证见表4-5。

⑤ 4月28日，将持有的汇集集团的股票，以每股6元的价格共出售50 000股。原始凭证见表4-6。

⑥ 期末对持有的汇集集团的股票进行计量，当日价格每股5.80元。原始凭证见表4-7。

表4-2 中国建设银行特种转账贷方凭证

2019年4月1日

付款人	全　称	江滨胜利集团	收款人	全　称	江滨市宏伟建筑工程公司	此联是收款人开户银行通知收款人的收账通知
	账　号	200200300300		账　号	666666888888	
	开户银行	工行江滨江源营业部		开户银行	中国建设银行江滨分行	
人民币（大写）：贰拾壹万贰仟元整				¥ 2 1 2 0 0 0 0		
原凭证金额				科目（借）————		
原凭证名称				对方科目（贷）————		
转账原因		债券款	收款人开户银行盖章	复核 1	记账 1	

表 4-3 股票交割单

成交日期	成交时间	证券代码	证券名称	操作	成交数量	成交均价	成交金额	成交编号	过户费	手续费	发生额
20190410	09:35:25	601234	汇集集团	证券买入	100 000	5	500 000	00654321	100	2 000	502 100

表 4-4 中国建设银行特种转账借方凭证

2019年4月12日

付款人	全称	江滨市宏伟建筑工程公司	收款人	全称	广宏证券公司	此联是付款人开户银行盖章通知付款人的付账收账凭证
	账号	666666888888		账号	100100110011	
	开户银行	建设银行江滨分行		开户银行	工商银行江滨海分理处	

人民币（大写）：壹佰万元整	千	百	十	万	千	百	十	元	角	分
¥	1	0	0	0	0	0	0	0	0	0

原凭证金额		科目（借）----
原凭证名称		对方科目（贷）--
转账原因	股票款 付款人开户银行盖章	复核 1　记账 1

(建设银行江滨分行 2019.4.12 转讫章)

表 4-5 股息入账单

日期	摘要	证券代码	证券名称	操作	成交数量	成交均价	成交金额	本次金额
20190422	股息入账 601234 汇集集团	601234	汇集集团	股息入账			5 000	5 000

表 4-6 股票交割单

成交日期	成交时间	证券代码	证券名称	操作	成交数量	成交均价	成交金额	成交编号	过户费	手续费	印花税	发生额
20190428	09:35	601234	汇集集团	证券卖出	5万	6	300 000	00654321	100	500	700	298 700

表 4-7 期末持有股票情况表

证券代码	证券名称	股票余额	可用余额	成本价	买入均价	市价（单价）	市值	浮动盈亏	盈亏比(%)	交易市场	股东账号
601234	汇集集团	5万	5万		5.0	5.8	290 000		+1.6	沪A	A23161 23456

【实训要求】

1. 根据表 4-1，开立交易性金融资产和应收利息明细账，并过入期初余额。

2. 根据本月发生的经济业务，编制记账凭证，登记交易性金融资产及应收利息相应明细账，并进行结账。

实训五 应收款项核算的训练

【实训目的】

学会企业与外部单位或企业内部各部门及人员之间发生的应收款项业务办理的各种凭证手续，能对应收账款、预付账款、应收票据、其他应收款及备用金的发生与收回的业务进行核算，能开立账簿，会登记，会结账，具有对应收款项核算的能力。

【实训资料】

资料 1：江滨市宏伟建筑工程公司 3 月末有关账号的期末余额见表 5-1。

表 5-1 期初余额表

总分类账号	明细账号	借方余额
应收账款	建业房地产开发公司	500 000
应收票据	江滨市森淼公司(银行承兑汇票)	100 000
其他应收款	前进水泥制品有限公司	6 000
预付账款	本溪钢铁集团公司	100 000
预付账款	沈阳桩基础工程有限公司	100 000
备用金	张 力	5 000
备用金(定额备用金)	李 明	3 000

资料 2：江滨市宏伟建筑工程公司 4 月份发生的经济业务及相关原始凭证如下。

① 4 月 2 日，收到建设单位江滨市网通公司转来的工程预付款 300 000 元，已存入银行。原始凭证见表 5-2、表 5-3。

② 4 月 4 日，收到建业房地产开发公司拨付的上月工程款 300 000 元，存入银行。原始凭证见表 5-4、表 5-5。

③ 4 月 6 日，因急需资金，企业将江滨市森淼公司开来的 100 000 元的银行承兑汇票办理贴现。原始凭证见表 5-6。

④ 4 月 8 日，从本溪钢铁集团公司购入钢材 100 吨，结转原预付账款，通过银行支付余款。原始凭证见表 5-7、表 5-8。

⑤ 4 月 12 日，预付给分包单位沈阳桩基础有限公司基础工程款 100 000 元。原始凭证见表 5-9、表 5-10。

⑥ 4 月 15 日，职工张强因违反操作规程，致使工程返工，经公司决定对其罚款 500 元。原始凭证见表 5-11。

⑦ 4 月 16 日，开出转账支票一张，金额 10 000 元，支付前进水泥制品有限公司包装物押金。原始凭证见表 5-12、表 5-13。

⑧ 4 月 20 日，张力出差归来，报销差旅费 5 100 元，冲销原借备用金，差额补付现金。原始凭证见表 5-14。

⑨ 4 月 22 日，办公室耿建国出差，预借差旅费 1 500 元，现金付讫。原始凭证见表 5-15。

⑩ 4月25日，收到建业房地产开发公司开出的银行承兑汇票一张，面值200 000元，抵付前欠工程款。原始凭证见表5-16、表5-17。

⑪ 4月28日，和建设单位江滨市工贸公司结算当月工程款600 000元（不含税），增值税税率为9%，为其提供建筑业发票一张，同时收到工贸公司开出的转账支票一张，金额200 000元，余款暂欠。原始凭证见表5-18、表5-19。

⑫ 4月29日，企业购入木材，按合同约定预付对方20%货款，开出30 000元支票一张。原始凭证见表5-20、表5-21。

⑬ 4月29日，向本溪钢铁集团公司购入钢材一批，通过银行预付款90 000元。原始凭证见表5-22、表5-23。

⑭ 4月30日，建业房地产有限公司的商业汇票现已到期，背书后连托收凭证存入银行，收回款项200 000元。原始凭证见表5-24。

⑮ 4月30日，李明报销差旅费2 800元。原始凭证见表5-25。

⑯ 4月30日，与网通公司江滨分公司办理当月工程价款结算，宏伟公司开出900 000元的工程款发票一张。原始凭证见表5-26。

⑰ 4月30日，收到职工张强交来的罚款现金500元。原始凭证见表5-27。

⑱ 4月30日，月末结算分包工程款，收到沈阳桩基础工程有限公司月末转来分包工程款发票一张，金额300 000元，款暂欠。原始凭证见表5-28。

⑲ 4月30日，收到前进水泥制品厂返还的包装物押金现金6 000元，并存入银行。原始凭证见表5-29、表5-30。

⑳ 4月30日，收到转账支票一张，系工贸公司归还的前欠工程款100 000元，填进账单存入银行。原始凭证见表5-31、表5-32。

表5-2 专用收款收据
收款日期 2019年4月2日

付款单位	江滨市网通公司								收款单位			江滨市宏伟建筑工程公司	
人民币（大写）	叁拾万元整	百	十万	千	百	十	元	角	分	结算方式			第二联 收款单位收款凭据
		¥ 3	0	0	0	0	0	0	0	转账			
事 由	预收工程款						经办部门						
							经办人员						
上述款项照数收讫无误。收款单位财务章		会计主管 古凤			稽 核 孙震			出 纳 赵宝刚			交款人 王威			

表 5-3 中国建设银行进账单（收账通知）

2019 年 4 月 2 日

出票人	全称	江滨市网通公司	收款人	全称	江滨市宏伟建筑工程公司	此联是收款人开户行交给收款人的通知
	账号	210088559900566		账号	666666888888	
	开户银行	工商银行滨海市站办		开户银行	建设银行江滨分行	

人民币（大写）：叁拾万元整	百	十	万	千	百	十	元	角	分
	¥		3	0	0	0	0	0	0

票据种类	
票据张数	
单位主管　　会计　　复核　　记账	出票人开户银行盖章

（加盖：建设银行江滨分行 2019.4.2 转讫章）

表 5-4 中国建设银行进账单（收账通知）

2019 年 4 月 4 日

出票人	全称	建业房地产开发公司	收款人	全称	江滨市宏伟建筑工程公司	此联是收款人开户行交给收款人的通知
	账号	210088559910502		账号	666666888888	
	开户银行	工商银行滨海市站办		开户银行	建设银行江滨分行	

人民币（大写）：叁拾万元整	百	十	万	千	百	十	元	角	分
	¥		3	0	0	0	0	0	0

票据种类	
票据张数	
单位主管　　会计　　复核　　记账	出票人开户银行盖章

（加盖：建设银行江滨分行 2019.4.4 转讫章）

表 5-5 专用收款收据

收款日期　　2019 年 4 月 4 日

付款单位	建业房地产开发公司	收款单位	江滨市宏伟建筑工程公司	第二联　收款单位收款凭据

人民币（大写）	叁拾万元整	百	十	万	千	百	十	元	角	分	结算方式	转账
		¥		3	0	0	0	0	0	0		

事由	前欠工程款	经办部门	
		经办人员	

上述款项照数收讫无误。	会计主管	稽核	出纳	交款人
收款单位财务章	方维	刘华军	林之冰	董君

（加盖：江滨市宏伟建筑工程公司 财务专用章 1001123456）

表 5-6　贴现凭证（收款通知）

填写日期 2019 年 4 月 6 日

贴现汇票	种类	商业承兑汇票	125 号	申请人	全称	江滨市宏伟建筑工程公司	此联是银行给贴现申请人的收账通知
	发票日	2019 年 1 月 6 日			账号	666666888888	
	到期日	2019 年 6 月 6 日			开户银行	建设银行江滨分行	
汇票承兑人（或银行）名称		江滨市森淼公司	账号	21093667662	开户银行	交行江滨营业部	
汇票金额	人民币（大写）：壹拾万元整				百十万千百十元角分 ￥ 1 0 0 0 0 0 0 0		
月贴现率	0.7%	贴现利息	十万千百十元角分 ￥ 1 4 0 0 0 0	实付贴现金额	百十万千百十元角分 ￥ 9 8 6 0 0 0 0		
上述款项已入你单位账号。 此致　2019 年 4 月 6 日					备注		

加盖印章：建设银行江滨分行 2019.4.6 转讫章（5）

表 5-7　中国建设银行电汇凭证（回单）

委托日期 2019 年 4 月 8 日

收款人	全称	本溪钢铁集团公司	汇款人	全称	江滨市宏伟建筑工程公司	此联是汇出行给汇款人的回单
	账号	600558743210		账号	666666888888	
	汇入地点	本溪市工行南山支行		汇出地点	建设银行江滨分行	
金额（大写）		叁拾捌万零贰拾肆元整			千百十万千百十元角分 ￥ 3 8 0 0 2 4 0 0	
款项用途：	购材料					
上列款项已根据委托办理，如需查询请持此回单来行面洽。 单位主管　会计　复核　记账			汇出行盖章： 2019 年 4 月 8 日			

加盖印章：建设银行江滨分行 2019.4.8 转讫章（5）

表 5-8　本溪市增值税专用发票

发　票　联

开票日期 2019 年 4 月 8 日

购货单位	名称	江滨市宏伟建筑工程公司	纳税人识别号		112011848140889			
	地址	江滨东路668号	开户银行及账号		建设银行江滨分行 666666888888			
货物或应税劳务名称	计量单位	数量	单价	金额 十万千百十元角分		税额 十万千百十元角分		
钢材	吨	100	4248	4 2 4 8 0 0 0 0		5 5 2 2 4 0 0		
价税合计（大写）		肆拾捌万零贰拾肆元整				税率	13%	
供货单位名称			开户银行及账号					

收款单位盖章：本溪钢铁集团公司 990003354356890 发票专用章

收款人：王伟　　开票人：高飞

表 5-9　中国工商银行　电汇凭证

委托日期 2019 年 4 月 12 日

收款人	全　称	沈阳桩基础有限公司	汇款人	全　称	江滨市宏伟建筑工程公司	此联是汇出行给汇款人的回单
	账　号	21006789532255		账　号	666666888888	
	汇入地点	工商银行沈阳市和平支行		汇出地点	建设银行江滨分行	
金额(大写)		壹拾万元整	千 百 十 万 千 百 十 元 角 分 ￥ 1 0 0 0 0 0 0 0			

款项用途：预付款

上列款项已根据委托办理，如需查询请持此回单来行面洽。

单位主管　会计　复核　记账

汇出行盖章：
2019 年 4 月 12 日

（建设银行江滨分行 2019.4.12 转讫章 (5)）

表 5-10　专用收款收据

收款日期 2019 年 4 月 12 日

付款单位	江滨市宏伟建筑工程公司	收款单位	沈阳桩基础有限公司	第三联 付款单位付款凭据
人民币(大写)	壹拾万元整	百 十 万 千 百 十 元 角 分 ￥ 1 0 0 0 0 0 0 0	结算方式　转　账	
事由	预收工程款	经办 部门／人员		
上述款项照数收讫无误。收款单位财务章		会计主管　稽核	出　纳　交款人　孙丰	

（沈阳桩基础有限公司 财务专用章 2201556677）

表 5-11　罚款通知书

因电焊班组工人张强在施工过程中违反了操作规程，导致所施工的工程项目达不到质量标准，造成了浪费，经办公会研究决定对其个人进行罚款 500 元。

被罚款人签字：张强

江滨市宏伟建筑工程公司

2019 年 4 月 15 日

表 5-12　收据

2019 年 4 月 16 日

人民币壹万元整

上款系　包装物押金　￥10 000

收款单位盖章：

| 会计 | 出纳 | 复核 | 收款人 | 汪飞 |

付款单位记账凭证

表 5-13　中国建设银行
转账支票存根

VIV：00468433

科　目
对方科目
出票日期　2019 年 4 月 16 日

收款人：	江滨前进水泥制品有限公司
金　额：	10 000
用　途：	押　金

表 5-14　差旅费报销表

单位：江滨市宏伟建筑工程公司　　2019 年 4 月 20 日

月	日	时间	出发地	月	日	时间	到达地	机票费	车船费	卧铺费	夜行车补助 小时	夜行车补助 金额	市内交通费 实支	市内交通费 包干	宿费 实支	宿费 提成扣减	出差补助 天数	出差补助 金额	合计
3月25日			江滨—北京					900					200		2 800			300	4 200
3月31日			北京—江滨					900											900
合　计								1 800					200		2 800			300	5 100

出差任务	开会	报销金额(大写)人民币:伍仟壹佰元整			预借金额	5 000
		单位领导	张伟宏印	部门负责人	王凯	出差人	张力	报销金额	5 100
								结余或超支	100

表 5-15 借款单

2019 年 4 月 22 日

借款单位	办公室	姓 名	耿建国	出差地点	沈阳
事由	出差	金额（大写）：	壹仟伍佰元整		
单位负责人签章	张伟宏印	借款人签章		耿建国	
		注意事项 1. 由借款人填写。 2. 凡借用公款必须使用本单。 3. 第三联为正式借据由借款人和单位负责人签章。 4. 出差返回后三日内结算。			

记帐凭证

表 5-16 银行承兑汇票

汇票号码

签发日期 2019 年 3 月 31 日　　　第　　号

付款人	全 称	建业房地产开发公司	收款人	全 称	江滨市宏伟建筑工程公司
	账 号	210088559910502		账 号	666666888888
	开户银行	工商银行江滨站办		开户银行	建设银行江滨分行

人民币（大写）：贰拾万元整	千	百	十	万	千	百	十	元	角	分
			¥	2	0	0	0	0	0	0

汇票到期日	4 月 30 日	交易合同号码		备注	
本汇票请你单位承兑，并及时将承兑汇票寄交我单位。					
承兑人		收款人			

（建设银行江滨分行 2019.4.25 转讫章(5)）

表 5-17 专用收款收据

收款日期 2019 年 4 月 25 日

付款单位	建业房地产开发公司				收款单位		江滨市宏伟建筑工程公司			结算方式	
人民币（大写）	贰拾万元整	百	十	万	千	百	十	元	角	分	转账
		¥	2	0	0	0	0	0	0	0	
事由	抵付前欠工程款					经办部门					
						经办人员					
上述款项照数收讫无误。收款单位财务章		会计主管 方维			复核 刘华军		出纳 林之冰			交款人 董君		

第二联 收款单位收款凭据

表 5-18　滨江省江滨市增值税发票

发　票　联

付款单位：江滨市工贸公司　　　　2019年4月28日

收款单位	江滨市宏伟建筑工程公司			竣工日期							合同编号					
收款日期	2019年4月			工程类别							建筑面积	4 500平方米				
结算项目	单位	数量	单价	金　　　　额							税率　9%					
				千	百	十	万	千	百	十	元	角	分	万	千	百	十	元	角	分
工程款					6	0	0	0	0	0	0	0	5	4	0	0	0	0
价税合计金额(大写)	陆拾万零伍仟肆佰元整			¥	6	0	0	0	0	0	0	0	5	4	0	0	0	0
结算方式		转　账		开户银行												

收款单位盖章　　　　收款人：孙飞　　　　开票人：梁军

记账凭证联

表 5-19　中国建设银行进账单（收账通知）

2019 年 4 月 28 日

出票人	全　称	江滨市工贸公司	收款人	全　称	江滨市宏伟建筑工程公司
	账　号	5006689977412187		账　号	666666888888
	开户银行	江滨建行光明支行		开户银行	建设银行江滨分行
人民币（大写）：贰拾万元整				百 十 万 千 百 十 元 角 分	
				¥ 2 0 0 0 0 0 0 0	
票据种类			出票人开户银行盖章		
票据张数					
单位主管　　　会计　　　复核　　　记账					

此联是收款人开户行交给收款人的通知

表 5-20　收据

2019 年 4 月 29 日

人 民 币　叁万元整

上款系　预收木材款　　　¥30 000

收款单位盖章：

会计	出纳　夏天	复核　蒋平	收款人　王海峰

付款单位记账凭证联

表 5-21　中国建设银行
转账支票存根
VIV：009977410

科　　目

对方科目

出票日期　　2019 年 4 月 29 日

收款人：	江滨市成林木材销售公司
金　额：	30 000
用　途：	材料款

表 5-22　专用收款收据

收款日期 2019 年 4 月 29 日

付款单位	江滨市宏伟建筑工程公司	收款单位		本溪钢铁集团公司	
人民币(大写)	玖万元整	百 十 万 千 百 十 元 角 分 ¥　9 0 0 0 0 0 0 0		结算方式	转账
事由	预收材料款	经办部门			
		经办人员			
上述款项照数收讫无误。 收款单位财务章		会计主管 李宁	稽核 王立	出纳 侯君	交款人 赵宏

第三联　付款单位付款凭据

表 5-23　中国建设银行托收承付结算凭证（承付、支款通知）

委托日期 2019 年 4 月 29 日

收款人	全　称	本溪钢铁集团公司	付款人	全　称	江滨市宏伟建筑工程公司
	账　号	600558743210		账　号	666666888888
	开户银行	工商银行本溪南山支行		开户银行	建设银行江滨分行
托收金额	人民币(大写)：玖万元整			千 百 十 万 千 百 十 元 角 分 ¥　　9 0 0 0 0 0 0 0	
	附寄单证张数或册数		商品发运情况	合同名号码	
备注： 钢材款	付款人注意： 1.根据结算方式规定，上列托收款项，在承付期限内未拒付，即视同全部承付。如系全额支付以此联代支款通知，如逾期或部分支付时，再由银行另送延付或部分的支款通知。 2.如提前承付或多承付时，应与书面通知送银行办理。 3.如系全部或部分拒付，应在承付期限内另填拒付理由书送开户行办理。				

付款人开户行　　2019 年 4 月 29 日　　单位主管　　会计　　复核　　记账

付款人按期承付货款的承付或支款通知 此联是付款人开户银行通知

表 5-24 托收凭证（收账通知）

2019 年 4 月 30 日

业务类型	委托收款（□邮划、□电划） 收款承会（□邮划、□电划）				
付款人	全 称	建业房地产有限公司	收款人	全 称	江滨市宏伟建筑工程公司
	账 号	210088559910502		账 号	666666888888
	开户银行	工商银行江滨站办		开户银行	建设银行江滨分行
人民币（大写）：贰拾万元整			¥ 百十万千百十元角分 2 0 0 0 0 0 0 0		
款项内容	工程款	托收凭据名称	银行承兑汇票0326799		
付款人开户银行收到日期 年　月　日			收款人开户行盖章		

（建设银行江滨分行 2019.4.30 转讫章 (5)）

此联是收款人开户行交给收款人的通知

表 5-25 差旅费报销表

单位：江滨市宏伟建筑工程公司　　　2019 年 4 月 30 日

月	日	出发地	月	日	到达地	机票费	车船费	卧铺费	夜行车补助		市内交通费		宿费			出差补助		合计
									小时	金额	实支	包干	标准	实支	提成扣减	天数	金额	
3.11 江滨—上海								695			450		710			5	250	2 105
3.15 上海—江滨								695										695
								1 390			450		710				250	2 800
出差任务	开会	报销金额（大写）人民币：贰仟捌佰元整											预借金额			3000		
		单位领导	（张伟宏 印）	部门	办公室	出差人	李明						报销金额			2 800		
													结余或超支			-200		

表 5-26 滨江省江滨市增值税发票

发　票　联

付款单位：网通公司江滨分公司　　　2019年4月30日

收款单位	江滨市宏伟建筑工程公司		竣工日期		合同编号		
收款日期	2019年4月		工程类别		建筑面积	4 500平方米	
结算项目	单位	数量	金　额		税率 9%		
			千百十万千百十元角分		万千百十元角分		
工程款			9 0 0 0 0 0 0		8 1 0 0 0 0		
价税合计金额（大写）	玖拾捌万壹仟元整		¥ 9 0 0 0 0 0 0		8 1 0 0 0 0		
结算方式	转账		开户银行				
收款单位盖章		收款人：孙飞			开票人：梁军		

（江滨市宏伟建筑工程公司 10011234567890 发票专用章）

记账凭证联

表 5-27 收据

2019 年 4 月 30 日

人 民 币 伍佰元整

上款系　张强交来的罚款　　　￥500

收款单位盖章：

会计		出纳	林之冰	复核	蒋平	收款人	孙飞

(收款单位记账凭证)

表 5-28 滨江省江滨市增值税发票

发 票 联

付款单位：网通公司江滨分公司　　2019年4月30日

收款单位	沈阳桩基础有限公司			竣工日期							合同编号							
收款日期	2019年4月			工程类别							建筑面积	6 500平方米						
结算项目	单位	数量		金　额							税率 9%							
			千	百	十	万	千	百	十	元	角	分	万	千	百	十	元	角	分
工程款					3	0	0	0	0	0	0	0			2	7	0	0	0	0
价税合计金额大写	叁拾贰万柒仟元整		￥		3	0	0	0	0	0	0	0			2	7	0	0	0	0
结算方式	转　账			开户银行																

收款单位盖章　　　收款人：孙飞　　　开票人：吴明

(记账凭证联)

表 5-29 专用收款收据

收款日期 2019 年 4 月 30 日

付款单位	江滨市前进水泥制品厂	收款单位	江滨市宏伟建筑工程公司							
人民币（大写）	陆仟元整		百	十	万	千	百	十	元	角	分	结算方式
						￥	6	0	0	0	0	0	现　金
事由	收回包装物押金	经办部门									
		经办人员									
上述款项照数收讫无误。收款单位财务章		会计主管	稽　核			出　纳			交款人 程好

(第二联 收款单位收款凭据)

表 5-30 中国建设银行 现金交款单（回单）

币别　　　　　　　　　2019 年 4 月 30 日　　　　　　　　流水号

单位填写	收款人	江滨市宏伟建筑工程公司	交款人	江滨市宏伟建筑工程公司
	账　号	666666888888	款项来源	收回押金
	券别	（大写）陆仟元整	亿千百十万千百十元角分	￥6 0 0 0 0 0
	银行确认填写栏			

收款银行盖章　　　　　　　　　　　　　　　　　　　收款人：**李忠**

（建设银行江滨分行 2019.4.30 转讫章 (5)）

表 5-31 中国建设银行进账单（收账通知）

2019 年 4 月 30 日

出票人	全　称	江滨市工贸公司	收款人	全　称	江滨市宏伟建筑工程公司
	账　号	5006689977412187		账　号	666666888888
	开户银行	建设银行江滨光明支行		开户银行	建设银行江滨分行
人民币（大写）：壹拾万元整			百十万千百十元角分　￥1 0 0 0 0 0 0 0		
票据种类			出票人开户银行盖章		
票据张数					
单位主管　　　会计　　　复核　　　记账					

此联是收款人开户行交给收款人的通知

（建设银行江滨分行 2019.4.30 转讫章 (5)）

表 5-32 专用收款收据

收款日期 2019 年 4 月 30 日

付款单位	江滨市工贸公司	收款单位	江滨市宏伟建筑工程公司	
人民币（大写）	壹拾万元整	百十万千百十元角分　￥1 0 0 0 0 0 0 0	结算方式	转　账
事由	前欠工程款		经办人员	
上述款项照数收讫无误。收款单位财务章	会计主管	稽核	出纳	交款人　**程好**

第二联收款单位收款凭据

（江滨市宏伟建筑工程公司 财务专用章 1001123456）

【实训要求】

1. 根据表 5-1 开立应收账款、应收票据、预付账款、其他应收款、备用金明细账，并过入期初余额。

2. 根据本月发生的经济业务编制记账凭证，并登记应收账款、应收票据、预付账款、其他应收款、备用金明细账。

3. 为上述各明细账结出余额。

实训六　实际成本法下存货收发核算的训练

【实训目的】

通过实训，能办理实际成本法计价下原材料取得和发出的凭证手续，能独立组织原材料取得和领用的核算，具有实际成本法下原材料核算的能力。

【实训资料】

资料1：江滨市宏伟建筑工程公司2019年3月末有关账号的期末余额见表6-1。

表6-1　期初余额表

总分类账号	明细账号	单位	数量	单价	借方余额
预付账款	江滨诚信机电销售处	米	300	128	38 400
原材料	原木(明辉建材)	立方米	100	950	95 000
在途物资	主要材料(石灰)	吨	20	350	7 000
应付账款	暂估应付账款(明辉建材)	立方米	100	950	95 000

资料2：江滨市宏伟建筑工程公司存货按实际成本计价，4月份发生的经济业务及相关原始凭证如下。

① 4月1日，红字冲销上月暂估入账的原木，价款95 000元。原始凭证见表6-2。

② 4月3日，赊购落叶松30立方米，单价1 200元/立方米。原始凭证见表6-3、表6-4。

③ 4月5日，购入电缆38 400元，已验收入库。原始凭证见表6-5、表6-6。

④ 4月6日，以银行汇票购入钢材一批，价款293 700元，多余款自动退回。原始凭证见表6-7、表6-8。

⑤ 4月10日，购入空心砖一批，价款12 000元，以电汇方式支付。原始凭证见表6-9、表6-10、表6-11。

⑥ 4月15日，上月购入的生石灰现已运到，验收入库，价款7 000元。原始凭证见表6-12。

⑦ 4月15日，6日购入的钢材现已收到并办理了验收入库。原始凭证见表6-13。

⑧ 4月15日，支付购买螺纹钢的运费5 100元，以现金支付，取得运费发票一张。原始凭证见表6-14。

⑨ 4月20日，购入水泥一批，买价14 000元，开出转账支票16 000元，多余款返现金。原始凭证见表6-15、表6-16、表6-17、表6-18。

⑩ 4月21日，收到建设单位江滨市网通公司综合楼项目部拨入的水泥一批，价款18 000元，已验收入库。原始凭证见表6-19、表6-20。

⑪ 4月22日，收到建设单位网通公司综合楼项目部拨入的水泥一批，价款96 000元。原始凭证见表6-21、表6-22。

⑫ 4月25日，购入硅酸盐砌块一批，不含税价款100 000元，支付货款50 000元，材料已验收入库。原始凭证见表6-23～表6-25。

⑬ 4月26日，支付购入的硅酸盐砌块的不含税运费1 800元，以转账支票付讫。原始凭证见表6-26、表6-27。

⑭ 4月28日，购入汽油和柴油价税合计4 350.50元，现金付讫。原始凭证见表6-28、表6-29。

⑮ 4月29日，上月从明辉建材公司购入原木一批发票账单现已到达，以托收承付方式支付材料款。原始凭证见表6-30～表6-32。

⑯ 4月30日，当月购入的钢材已运到并验收入库，但账单发票未到，按估价入账。原始凭证见表6-33。

⑰ 4月30日，购入钢管架料500根，不含税价格30 000元，货款未付。原始凭证见表6-34。

⑱ 4月领用材料情况见领料单。原始凭证见表6-35～表6-45。

表6-2　收料单

供货单位：南阳明辉建材经销处　　　2019年4月1日　　　　　收料单号01

材料名称	材料规格	计量单位	实收数量	实际成本 买价		总计
				单价	合计	
原木		立方米	−100	950	−95 000	−95 000
合计		立方米	−100	950	−95 000	−95 000

记账：王菲　　　　　　　　收料：张丽　　　　　　　　制单：章兰

表6-3　江滨省江滨市增值税专用发票
发　票　联

开票日期 2019年4月3日

购货单位	名称	江滨市宏伟建筑工程公司		纳税人识别号					112011848140889					
	地址	江滨东路668号		开户银行及账号					建设银行江滨分行 6666666888888					
货物或应税劳务名称	计量单位	数量	单价	金　额						税　额				
				十万	千	百	十	元	角 分	十万	千	百	十	元 角 分
落叶松	立方米	30	1 200		3	6	0	0	0 0		4	6	8	0 0 0
价税合计(大写)	肆万零陆佰捌拾元整									税率		13%		
供货单位名称								开户银行及账号						

收款单位盖章　　　　　　　收款人：沈洁　　　　　　开票人：王信义

表 6-4 收料单

供货单位：江滨林业公司经销处   2019 年 4 月 3 日   收料单号 02

材料名称	材料规格	计量单位	实收数量	实际成本 买价		总 计
				单价	合计	
落叶松		立方米	30	1 200	36 000	36 000
合 计		立方米	30	1 200	36 000	36 000

记账：王菲   收料：张丽   制单：章兰

表 6-5 江滨省江滨市增值税专用发票

发 票 联

开票日期 2019 年 4 月 5 日

购货单位	名 称	江滨市宏伟建筑工程公司			纳税人识别号							112011848140889						
	地 址	江滨东路 668 号			开户银行及账号							建设银行江滨分行 6666 6688 8888						
货物或应税劳务名称	计量单位	数量	单价	金 额									税 额							
				十万	万	千	百	十	元	角	分	十万	万	千	百	十	元	角	分
电缆(φ12)	米	300	128		3	8	4	0	0	0	0			4	9	9	2	0	0
价税合计(大写)	肆万叁仟叁佰玖拾贰元整											税率	13%							
供货单位名称					开户银行及账号														

收款单位盖章   收款人：吴天   开票人：王义

表 6-6 收料单

供货单位：江滨诚信机电销售处   2019 年 4 月 5 日   收料单号 03

材料名称	材料规格	计量单位	实收数量	实际成本 买价		总 计
				单价	合计	
电缆	φ12	米	300	128	38 400	38 400
合 计	φ12	米	300	128	38 400	38 400

记账：王菲   收料：张丽   制单：章兰

表 6-7 中国建设银行   汇款号码 88554422

银行汇票 （多余款收账通知）   第 566654 号

签发日期 2019 年 4 月 6 日	兑付地点：平山市 兑付行：工商银行平山支行 行号：8794522										此联签发行结清后交汇款人
收款人：平山钢铁厂附属一分厂	账号或住址：2100045864235										
汇款金额人民币(大写) 叁拾伍万元整											
实际结算金额人民币(大写)叁拾叁万壹仟捌佰捌捌拾壹元整	千	百	十	万	千	百	十	元	角	分	
	¥		3	3	1	8	8	1	0	0	

汇款人：江滨市宏伟建筑工程公司	多余金额						左列退回多余金额已收入你账户
账号或住址：666666888888	万	仟	百	十	元	角	分	
签发行：中国建设银行江滨支行	1	8	1	1	9	0	0	财务 经办人
汇款用途：购钢材								主管

表 6-8 平山市增值税专用发票

发 票 联

开票日期 2019 年 4 月 6 日

购货单位	名 称	江滨市宏伟建筑工程公司		纳税人识别号						112011848140889							
	地 址	江滨东路668号		开户银行及账号						建设银行江滨分行 666666888888							
货物或应税劳务名称	计量单位	数量	单价	金 额								税 额					
				十	万	千	百	十	元	角	分	十	万	千	百	十	元	角	分
螺纹钢(φ14)	吨	30	5 800		1	7	4	0	0	0	0			2	2	6	2	0	0
螺纹钢(φ12)	吨	2				1	9	0	0	0	0				1	5	5	6	1	0	0
价税合计(大写)	叁拾叁万壹仟捌佰捌拾壹元整											税 率				13%	
供货单位名称				开户银行及账号													

收款单位盖章   收款人：吴天   开票人：王义

表 6-9 江滨省江滨市增值税专用发票

发 票 联

开票日期 2019 年 4 月 10 日

购货单位	名 称	江滨市宏伟建筑工程公司		纳税人识别号						112011848140889							
	地 址	江滨东路668号		开户银行及账号						建设银行江滨分行 666666888888							
货物或应税劳务名称	计量单位	数量	单价	金 额								税 额					
				十	万	千	百	十	元	角	分	十	万	千	百	十	元	角	分
空心砖	块	15 000	0.80		1	2	0	0	0	0	0			1	5	6	0	0	0
价税合计(大写)	壹万叁仟伍佰陆拾元整											税 率				13%	
供货单位名称				开户银行及账号													

收款单位盖章   收款人：张天   开票人：王洋

表 6-10　收料单

供货单位：林江市胜利制砖厂　　　2019 年 4 月 10 日　　　　收料单号 04

材料名称	材料规格	计量单位	实收数量	实际成本 买价 单价	实际成本 买价 合计	总计
空心砖		块	15 000	0.80	12 000	12 000
合计		块	15 000	0.80	12 000	12 000

记账：王菲　　　　　　　收料：张丽　　　　　　　制单：章兰

表 6-11　中国建设银行电汇凭证（回单）

委托日期　2019 年 4 月 10 日

收款人	全称	林江市胜利制砖厂	汇款人	全称	江滨市宏伟建筑工程公司
	账号	11000055668877		账号	66666688888
	汇入地点	工商银行林江分行		汇出地点	建设银行江滨分行
金额大写	壹万叁仟伍佰陆拾元整		千百十万千百十元角分 ￥ 1 3 5 6 0 0 0		
款项用途	购材料				

上列款项已根据委托办理，如需查询请持此回单来行面洽。

单位主管　　会计　　复核　　记账　　　　汇出行盖章：

　　　　　　　　　　　　　　　　　　　　2019 年 4 月 10 日

建设银行江滨分行
2019.4.10
转讫章
(5)

此联是汇出行给汇款人的回单

表 6-12　收料单

供货单位：江滨市前林村石灰厂　　　2019 年 4 月 15 日　　　　收料单号 05

材料名称	材料规格	计量单位	实收数量	实际成本 买价 单价	实际成本 买价 合计	总计
生石灰		吨	20	350	7 000	7 000
合计		吨	20	350	7 000	7 000

记账：王菲　　　　　　　收料：张丽　　　　　　　制单：章兰

表 6-13 收料单

供货单位：平山钢铁厂附属一分公司　　2019 年 4 月 15 日　　收料单号 06

材料名称	材料规格	计量单位	实收数量	实际成本 买价 单价	实际成本 买价 合计	总计
螺纹钢	φ14	吨	30	5 800	174 000	174 000
螺纹钢	φ12	吨	21	5 700	119 700	119 700
合计		吨	51		293 700	293 700

记账：王菲　　　　　　　收料：张丽　　　　　　　制单：章兰

表 6-14 江滨省江滨市道路货物运输增值税专用发票

购货人：江滨市宏伟建筑工程公司　　2019 年 4 月 15 日

装货地点		发货人		地址		牌照号		
卸货地点		收货人		地址		运单号		
货物名称	件数	货物体积	实际重量(吨)	计费运输量 吨	计费运输量 吨公里	计费里程	运价率	运费金额	增值税 税率	增值税 金额
螺纹钢			51			100		5 100	9%	459.00
小计								5 100		459.00
价税合计(大写)	伍仟伍佰伍拾玖元整				结算方式	现金				

收款单位盖章　　　　　　　　　　　　　　开票人：刘丽

表 6-15 江滨市增值税专用发票
发 票 联

开票日期 2019 年 4 月 20 日

购货单位	名称	江滨市宏伟建筑工程公司		纳税人识别						112011848140889						
	地址			开户银行及账号						建设银行江滨分行 666666888888						
货物或应税劳务名称	计量单位	数量	单价	金 额 十万		千	百	十	元	角	分	税 额 十万	千	百	十	元	角	分
水泥 425#	吨	40	350		￥1	4	0	0	0	0	0		￥1	8	2	0	0	0
合计(大写)	壹万伍仟捌佰贰拾元整											税率			13%			
供货单位	江滨光明水泥销售中心			开户银行账号														

销货单位盖章　　　　收款人：丁一　　　　开票人：丁伟

表 6-16　收料单

供货单位：江滨光明水泥销售中心　　　　2019 年 4 月 20 日　　　　收料单号 07

材料名称	材料规格	计量单位	实收数量	实际成本 买价		实际成本 总计
				单价	合计	
水泥	425#	吨	40	350	14 000	14 000
合计		吨	40	350	14 000	14 000

记账：王菲　　　　　　　收料：张丽　　　　　　　制单：章兰

表 6-17　中国建设银行
转账支票存根
VIV：006007804

科　目
对方科目
出票日期　2019 年 4 月 20 日

收款人：	江滨光明水泥销售中心
金　额：	16 000
用　途：	购水泥

表 6-18　收据
2019 年 4 月 20 日

人民币壹仟元整

上款系　退回多余材料款　￥180

收款单位盖章

会计	何洁	复核	吴晏	收款人	林之冰

此联为收款单位收款凭据

表 6-19　物资调拨单

调入单位：江滨市宏伟建筑工程公司　　2019 年 4 月 21 日

类别			工程名称	网通公司综合楼	
名称	规格	单位	数量	单价	金额
			应拨 　　实拨		
水泥		吨	60	300	18 000
合计		吨	60	300	18 000
拨出单位			拨入单位		
财务	计配	发料　林生	财务	计配	收料　洪伟

（转拨入单位代发票）

拨出单位盖章：　　　　　　　　　　　　　拨入单位盖章：

表 6-20　收料单

供货单位：江滨市网通公司　　2019 年 4 月 21 日　　收料单号 08

材料名称	材料规格	计量单位	实收数量	实际成本		总计
				买价		
				单价	合计	
水泥		吨	60	300	18 000	18 000
合计		吨	60	300	18 000	18 000

记账：王菲　　　　　　　收料：张丽　　　　　　　制单：章兰

表 6-21　物资调拨单

调入单位：江滨市宏伟建筑工程公司　　2019 年 4 月 22 日

类别			工程名称	网通公司综合楼	
名称	规格	单位	数量	单价	金额
			应拨 　　实拨		
水泥		吨	300	320	96 000
合计		吨	300	320	96 000
拨出单位			拨入单位		
财务	计配	发料　林生	财务	计配	收料　洪伟

（转拨入单位代发票）

拨出单位盖章：　　　　　　　　　　　　　拨入单位盖章：

表 6-22 收料单

供货单位：江滨市网通公司　　　2019 年 4 月 22 日　　　收料单号 09

材料名称	材料规格	计量单位	实收数量	实际成本 买价		实际成本 总计
				单价	合计	
水泥		吨	300	320	96 000	96 000
合 计		吨	300	320	96 000	96 000

记账：王菲　　　　　　　　　收料：张丽　　　　　　　　　制单：章兰

表 6-23 江滨省江滨市增值税专用发票

发　票　联

开票日期 2019 年 4 月 25 日

购货单位	名　称	江滨市宏伟建筑工程公司			纳税人识别号							112011848140889							
	地　址	江滨东路668号			开户银行及账号							建设银行江滨分行 666666888888							
货物或应税劳务名称	计量单位	数量	单价	金　额								税　额							
				十万	千	百	十	元	角	分	十万	千	百	十	元	角	分		
硅酸盐砌块	立方米	1 000	100	1	0	0	0	0	0	0		1	3	0	0	0	0	
价税合计(大写)	壹拾壹万叁仟元整										税　率				13%			
供货单位名称											开户银行及账号							

（印章：江滨市建材经销公司 发票专用章 10011234565678）

收款单位盖章　　　　　　收款人：张泽　　　　　　开票人：王飞

表 6-24 收料单

供货单位：江滨市建材经销公司　　2019 年 4 月 25 日　　收料单号 10

材料名称	材料规格	计量单位	实收数量	实际成本 买价		实际成本 总计
				单价	合计	
硅酸盐砌块		立方米	1 000	100	100 000	100 000
合 计		立方米	1 000	100	100 000	100 000

记账：王菲　　　　　　　　　收料：张丽　　　　　　　　　制单：章兰

表 6-25 中国建设银行
　　　　 转账支票存根
VIV：006007805

科　　目	
对方科目	
出票日期	2019 年 4 月 25 日
收款人：	江滨市建材经销公司
金　额：	50 000
用　途：	购硅酸盐砌块

表 6-27 中国建设银行
　　　　 转账支票存根
VIV：006007806

科　　目	
对方科目	
出票日期	2019 年 4 月 26 日
收款人：	江滨市货物运输公司
金　额：	1 962
用　途：	运　费

表 6-26 江滨省江滨市道路货物运输增值税专用发票

购货人：江滨市宏伟建筑工程公司　　　2019年 4 月 26日

装货地点		发货人		地址		牌照号		报销凭证
卸货地点		收货人		地址		运单号		
货物名称	件数	货物体积	实际重量(吨)	计费运输量 吨 吨公里	计费里程	运价率	运费金额	增值税 税率 金额
砌块运费							1800	9% 162.00
小 计							1800	162.00
价税合计(大写)	壹仟玖佰陆拾贰元整				结算方式	转账		

收款单位盖章　　　　　　　　　　　　开票人：刘丽

表 6-28 江滨省江滨市增值税专用发票
发　票　联

开票日期 2019 年 4 月 28 日

购货单位	名　称	江滨市宏伟建筑工程公司	纳税人识别号	112011848140889
	地　址	江滨东路668号	开户银行及账号	建设银行江滨分行 666666888888

货物或应税劳务名称	计量单位	数量	单价	金　　　额 十万千百十元角分	税　　　额 十万千百十元角分
汽油90#	升	200	6.50	1 3 0 0 0 0	1 6 9 0 0
柴油	升	300	8.50	2 5 0 0 0	3 3 1 5 0
价税合计(大写)	肆仟叁佰伍拾零伍角整				税　率 13%
供货单位名称				开户银行及账号	

收款单位盖章　　　　　收款人：林东　　　　开票人：李仁

表 6-29 收料单

供货单位：江滨市石油公司销售处　　2019 年 4 月 28 日　　　　收料单号 11

材料名称	材料规格	计量单位	实收数量	实际成本 买价		总计
				单价	合计	
汽油	90#	升	200	6.50	1 300	1 300
柴油		升	300	8.50	2 550	2 550
合计		升	500		3 850	3 850

记账：**王菲**　　　　　　　收料：**张丽**　　　　　　　制单：**章兰**

表 6-30 中国建设银行托收承付结算凭证（承付、支款通知）

委托日期 2019 年 4 月 29 日

收款人	全　称	南阳明辉建材经销处	付款人	全　称	江滨市宏伟建筑工程公司	此联是承付付款货人款开的户承银付行或通支知付通知款人按期
	账　号	210688541263		账　号	666666888888	
	开户银行	工商银行南阳支行		开户银行	建设银行江滨分行	
托收金额	人民币壹拾万捌仟肆佰捌拾元整			千 百 十 万 千 百 十 元 角 分 ¥　　1 0 8 4 8 0 0 0		
	附件		商品发运情况		合同名号码	
	附寄单证张数或册数					
备注	还前欠木材款	付款人注意： 1.根据结算方式规定，上列托收款项，在承付期限内末拒付，即视同全部承付。如系全额支付以此联代支款通知，如延期或部分支付时，再由银行另送延付或部分的支款通知。 2.如提前承付或多承付时，应另书面通知送银行办理。 3.如系全部或部分拒付，应在承付期限内另填拒付理由书送开户行办理。				

付款人开户行　　2019 年 4 月 29 日　　单位主管　　会计　　复核　　记账

（建设银行江滨分行 2019.4.29 转讫章）

表 6-31 江滨省南阳市增值税专用发票

发　票　联

开票日期 2019 年 4 月 29 日

购货单位	名　称	江滨市宏伟建筑工程公司	纳税人识别号	112011848140889											
	地　址	江滨东路668号	开户银行及账号	建设银行江滨分行 666666888888											
货物或应税劳务名称	计量单位	数量	单价	金　　额							税　　额				
				十万	千	百	十	元	角	分	十万	千	百	十	元 角 分
原木	立方米	100	960		9	6	0	0	0	0		1	2	4	8 0 0 0
价税合计(大写)	壹拾万捌仟肆佰捌拾元整										税率			13%	
供货单位名称				开户银行及账号											

收款单位盖章　　　　　　　收款人：**吴可**　　　　　　开票人：**陈刚**

（南阳明辉建材经销处 发票专用章 1306789036987）

表 6-32　收料单

供货单位：南阳明辉建材经销处　　2019 年 4 月 29 日　　　　　　　收料单号 12

材料名称	材料规格	计量单位	实收数量	实际成本	
				单价	合计
原木		立方米	100	960	96 000
合　计		立方米	100	960	96 000

记账：王菲　　　　　　　　收料：张丽　　　　　　　　制单：章兰

表 6-33　收料单

供货单位：江滨钢材经销处　　2019 年 4 月 30 日　　　　　　　收料单号 13

材料名称	材料规格	计量单位	实收数量	计划成本	
				计划单价	合计
钢材	φ12	吨	10	4 500	45 000
合　计	φ12	吨	10	4 500	45 000

记账：王菲　　　　　　　　收料：张丽　　　　　　　　制单：章兰

表 6-34　江滨省南阳市增值税专用发票

发　票　联

开票日期 2019 年 4 月 30 日

购货单位	名　称	江滨市宏伟建筑工程公司			纳税人识别号						112011848140889							
	地　址	江滨东路668号			开户银行及账号						建设银行江滨分行 666666888888							
货物或应税劳务名称	计量单位	数量	单价	金　　额							税　　额							
				十万	千	百	十	元	角	分	十万	千	百	十	元	角	分
架料	根	500	60		3	0	0	0	0	0			3	9	0	0	0
价税合计(大写)	叁万叁仟玖佰元整										税率			13%			
供货单位名称				开户银行及账号													

收款单位盖章　　　　　　收款人：吴可　　　　　　开票人：陈刚

表 6-35　领 料 单

领料部门：第一项目部　　　　　2019 年 4 月 4 日　　　　　领料单号：401

用　途	江滨图书馆工程用材料					
材料类别	名　称	规　格	计量单位	实发数量	单　价	金　额
	落叶松		立方米	30	1 200	36 000
合　计			立方米	30	1 200	36 000

记账：王菲　　　领料：吴天　　　发料：张丽　　　负责人：刘磊

表 6-36　领 料 单

领料部门：第一项目部　　　　　2019 年 4 月 10 日　　　　　领料单号：402

用　途	江滨图书馆工程用材料					
材料类别	名　称	规　格	计量单位	实发数量	单　价	金　额
	电缆		米	100	128	12 800
合　计	电缆		米	100	128	12 800

记账：王菲　　　领料：吴天　　　发料：张丽　　　负责人：刘磊

表 6-37　领 料 单

领料部门：第一项目部　　　　　2019 年 4 月 10 日　　　　　领料单号：403

用　途	江滨图书馆工程用材料					
材料类别	名　称	规　格	计量单位	实发数量	单　价	金　额
	空心砖		块	15 000	0.80	12 000
合　计	空心砖		块	15 000	0.80	12 000

记账：王菲　　　领料：李记　　　发料：张丽　　　负责人：刘磊

表 6-38　领料单

领料部门：第一项目部　　　　　2019 年 4 月 15 日　　　　　领料单号：404

用　途	江滨图书馆工程用材料					
材料类别	名　称	规　格	计量单位	实发数量	单　价	金　额
	生石灰		吨	20	350	7 000
合　计	生石灰		吨	20	350	7 000

记账：王菲　　　领料：王明　　　发料：张丽　　　负责人：刘磊

表 6-39　领料单

领料部门：第一项目部　　　　　2019 年 4 月 20 日　　　　　领料单号：405

用　途	江滨图书馆工程用材料					
材料类别	名　称	规　格	计量单位	实发数量	单　价	金　额
	螺纹钢	ϕ14	吨	30	5 900	177 000
合　计	螺纹钢	ϕ14	吨	30	5 900	177 000

记账：王菲　　　领料：宁静　　　发料：张丽　　　负责人：刘磊

表 6-40　领料单

领料部门：第一项目部　　　　　2019 年 4 月 18 日　　　　　领料单号：406

用　途	江滨网通综合楼工程用材料					
材料类别	名　称	规　格	计量单位	实发数量	单　价	金　额
	螺纹钢	ϕ12	吨	21	5 800	121 800
合　计	螺纹钢	ϕ12	吨	21	5 800	121 800

记账：王菲　　　领料：刘冰　　　发料：张丽　　　负责人：刘磊

表 6-41　领料单

领料部门：第一项目部　　　　　2019 年 4 月 20 日　　　　　领料单号：407

用途	江滨网通综合楼工程用材料					
材料类别	名称	规格	计量单位	实发数量	单价	金额
	柴油		升	300	8.50	2 550
合计	柴油		升	300	8.50	2 550

记账：王菲　　　领料：姜春江　　　发料：张丽　　　负责人：刘磊

表 6-42　领料单

领料部门：第一项目部　　　　　2019 年 4 月 23 日　　　　　领料单号：408

用途	江滨网通综合楼工程用材料					
材料类别	名称	规格	计量单位	实发数量	单价	金额
	水泥		吨	60	300	18 000
合计	水泥		吨	60	300	18 000

记账：王菲　　　领料：吴小飞　　　发料：张丽　　　负责人：陈军

表 6-43　领料单

领料部门：第一项目部　　　　　2019 年 4 月 23 日　　　　　领料单号：409

用途	江滨网通综合楼工程用材料					
材料类别	名称	规格	计量单位	实发数量	单价	金额
	水泥		吨	300	320	96 000
合计	水泥		吨	300	320	96 000

记账：王菲　　　领料：吴小飞　　　发料：张丽　　　负责人：陈军

表 6-44　领料单

领料部门：第一项目部　　　　　2019 年 4 月 25 日　　　　　　领料单号：410

用　途	江滨网通综合楼工程用材料					
材料类别	名　称	规　格	计量单位	实发数量	单　价	金　额
	硅酸盐砌块		立方米	1 018	100	101 800
合　计	硅酸盐砌块		立方米	1 018	100	101 800

记账：王菲　　　　领料：王达　　　　发料：张丽　　　　负责人：陈军

表 6-45　领料单

领料部门：第一项目部　　　　　2019 年 4 月 30 日　　　　　　领料单号：411

用　途	江滨网通综合楼工程用材料					
材料类别	名　称	规　格	计量单位	实发数量	单　价	金　额
	汽油	90#	升	200	6.50	1 300
合　计	汽油	90#	升	200	6.50	1 300

记账：王菲　　　　领料：冯晓　　　　发料：张丽　　　　负责人：陈军

【实训要求】

1. 根据资料 1 开设原材料、在途物资总账与明细账。
2. 根据资料 2 发生的经济业务编制记账凭证。
3. 根据记账凭证登记原材料、在途物资明细账并结出余额。
4. 登记原材料、在途物资总账。

实训七 计划成本法下存货收发核算的训练

【实训目的】

通过实训，能办理计划成本法下原材料取得和发出的凭证手续，会原材料的核算方法，能独立组织原材料取得和领用的核算。

【实训资料】

资料1：江滨市宏伟建筑工程公司材料的计划单价见表7-1。

表 7-1 江滨市宏伟建筑工程公司材料的计划单价表

序号	材料名称	计量单位	计划单价	本月材料成本差异率
1	钢材	吨	4 800	2%
2	木材	立方米	1 150	1%
3	水泥	吨	330	2%
4	空心砖	块	0.60	1%
5	90#汽油	升	6	2%
6	柴油	升	8	2%
7	电缆	米	130	-2%
8	石灰	吨	380	-1%
9	硅酸盐砌块	立方米	120	-2%

资料2：实训六中的资料2江滨市宏伟建筑工程公司4月发生的经济业务。

【实训要求】

1. 为江滨市宏伟建筑工程公司开设材料采购、原材料、材料成本差异总账与明细账。
2. 根据所发生的经济业务编制记账凭证。
3. 根据记账凭证登记材料采购、原材料、材料成本差异明细账并结出余额。

实训八 长期股权投资核算的训练

【实训目的】

通过实训,学会对长期股权投资业务的发生、投资收益取得、投资转让及收回等业务的核算,具有对长期股权投资业务核算的能力。

【实训资料】

资料 1:江滨市宏伟建筑工程公司 2019 年 3 月末有关账号期末余额见表 8-1。

表 8-1 宏伟建筑工程公司 2019 年 3 月末余额表

总账科目	明细科目	借方余额
长期股权投资	江滨市泰北建材公司	500 000

资料 2:江滨市宏伟建筑工程公司 2019 年 4 月发生的经济业务及相关凭证如下。

① 2019 年 4 月 1 日,以银行存款 1 000 000 元购入江滨市黄山建筑工程公司持有的江滨市长江水泥公司 10% 的股权,并准备长期持有,采用成本法核算。原始凭证见表 8-2、表 8-3、表 8-4。

② 2018 年 4 月 20 日,江滨市泰北建材公司宣告分配现金股利,江滨市宏伟建筑工程公司按照其持有比例确定可分回 30 000 元。原始凭证见表 8-5。

③ 2019 年 4 月 25 日,收到江滨市泰北建材公司现金股利 30 000 元。原始凭证见表 8-6、表 8-7。

④ 2018 年 4 月 30 日,向江滨市东岳建材公司转让持有的江滨市泰北建材公司长期股权投资 500 000 元,收到江滨市东岳建材公司转账支付购买长期股权投资款 600 000 元。原始凭证见表 8-8、表 8-9、表 8-10。

⑤ 2019 年 4 月 30 日,由于市场情况变化,江滨市长江水泥公司本年经营情况恶化,有证据表明持有其长期股权投资公允价值为 900 000 元,计提长期股权投资减值准备。原始凭证见表 8-11。

表 8-2 中国建设银行
转账支票存根
VIV:001993011

科　目
对方科目
出票日期　2019 年 4 月 1 日

收款人:	江滨市黄山建筑工程公司
金　额:	1 000 000
用　途:	长期投资款

表 8-3　股权转让协议

股权转让协议书

转让方：江滨市黄山建筑工程公司　（公司）（以下简称甲方）

受让方：江滨市宏伟建筑工程公司　（公司）（以下简称乙方）

江滨市长江水泥公司（以下简称公司）于 2013 年 10 月 1 日在江滨市设立，由甲方与江滨市 A 建筑工程公司共同出资经营，注册资金为人民币 1000 万元，其中，甲方占 60%股权。甲方愿意将其占公司 10%的股权转让给乙方，乙方愿意受让。现甲乙双方根据《中华人民共和国公司法》和《中华人民共和国合同法》的规定，经协商一致，就转让股权事宜，达成如下协议：

一、股权转让的价格及转让款的支付期限和方式：

1．甲方占有公司 60%的股权，根据原公司合同书规定，甲方应出资人民币 600 万元，实际出资人民币 600 万元。现甲方将其占公司 10%的股权以人民币 100 万元转让给乙方。

2．乙方应于本协议书生效之日起 120 天内按前款规定的币种和金额将股权转让款以银行转帐方式一次支付给甲方。

二、甲方保证对其拟转让给乙方的股权拥有完全处分权，保证该股权没有设定质押，保证股权未被查封，并免遭第三人追索，否则甲方应当承担由此引起的一切经济和法律责任。

三、有关公司盈亏（含债权债务）的分担：

1．本协议书生效后，乙方按受让股权的比例分享公司的利润，分担相应的风险及亏损。

2．如因甲方在签订本协议书时，未如实告知乙方有关公司在股权转让前所负债务，致使乙方在成为公司的股东后遭受损失的，乙方有权向甲方追偿。

四、违约责任：

1．本协议书一经生效，双方必须自觉履行，任何一方未按协议书的规定全面履行义务，应当依照法律和本协议书的规定承担责任。

2．如乙方不能按期支付股权转让款，每逾期一天，应向甲方支付逾期部分转让款的万分之五的违约金。如因乙方违约给甲方造成损失，乙方支付的违约金金额低于实际损失的，乙方必须另予以补偿。

3．如由于甲方的原因，致使乙方不能如期办理变更登记，或者严重影响乙方实现订立本协议书的目的，甲方应按照乙方已经支付的转让款的万分之五向乙方支付违约金。如因甲方违约给乙方造成损失，甲方支付的违约金金额低于实际损失的，甲方必须另予以补偿。

五、协议书的变更或解除：

甲乙双方经协商一致，可以变更或解除本协议书。

六、生效条件：

本协议书经甲乙双方签字、盖章生效。双方应于协议书生效后依法向工商行政管理机关办理变更登记手续。

七、本协议书一式四份，甲乙双方各执一份，其余两份留公司。

转让方：　　　　　　　　　　　　　　受让方：

2019 年 4 月 1 日于江滨市

表 8-4 专用收款收据

收款日期　2019 年 4 月 1 日

付款单位	江滨市宏伟建筑工程公司		收款单位		江滨市黄山建筑工程公司			
人民币（大写）	壹佰万元整	百 十 万 千 百 十 元 角 分 1 0 0 0 0 0 0 0 0				结算方式	转账	
事由	收长期股权投资款				经办部门			
					经办人员			
上述款项照数收讫无误。 收款单位财务章		会计主管	稽核		出纳		交款人 孙美	

第二联　收款方收款凭证

表 8-5 股利分配公告

江滨市泰北建材公司 2018 年度现金股利分配公告

江滨市泰北建材公司（"本公司"）于 2019 年 4 月 20 日召开股东会，批准了本公司 2018 年年度利润分配方案，现将现金股利派发具体事宜公告如下：

一、每元股本派发现金股利人民币 0.06 元。

二、股东 A 公司持有本公司股本 250 万元，占总股本的 50%，派发现金股利人民币 15 万元；
股东 B 公司持有本公司股本 200 万元，占总股本的 40%，派发现金股利人民币 12 万元；
股东江滨市宏伟建筑工程公司持有本公司股本 50 万元，占总股本的 10%，派发现金股利人民币 3 万元。

三、股利派发由本公司在 2019 年 5 月 30 日前组织实施。

江滨市泰北建材公司
2019 年 4 月 20 日

表 8-6 中国建设银行进账单（收账通知）

2019 年 4 月 25 日

出票人	全称	江滨市泰北建材公司	收款人	全称	江滨市宏伟建筑工程公司				
	账号	5005588986589		账号	666666888888				
	开户银行	工商银行高新区办事处		开户银行	建设银行江滨分行				
人民币（大写）：叁万元整					百 十 万 千 百 十 元 角 分 ¥　　　 3 0 0 0 0 0 0				
票据种类	转账支票			出票人开户银行盖章					
票据张数	一张								
单位主管　　会计　　复核　　记账									

此联是收款人开户行给收款人的通知

表 8-7　专用收款收据
收款日期 2019 年 4 月 25 日

付款单位	江滨市泰北建材公司	收款单位		江滨市宏伟建筑工程公司								
人民币（大写）	叁万元整	百	十	万	千	百	十	元	角	分	结算方式	转账
		¥		3	0	0	0	0	0	0		
事由	收长期股权投资股利	经办部门									财务部	
		经办人员									徐微	
上述款项照数收讫无误。		会计主管		稽核		出纳				交款人		
收款单位财务章										李力		

第二联　收款方收款凭证

表 8-8　中国建设银行进账单（收账通知）
2019 年 4 月 30 日

出票人	全称	江滨市东岳建材公司	收款人	全称	江滨市宏伟建筑工程公司							
	账号	5005588924687		账号	666666888888							
	开户银行	工商银行高新区办事处		开户银行	建设银行江滨分行							
人民币（大写）：陆拾万元整					百	十	万	千	百	十	元	角	分
					¥		6	0	0	0	0	0	0
票据种类	转账支票				出票人开户银行盖章								
票据张数	一张												
单位主管　　会计　　复核　　记账													

此联是收款人开户行交给收款人的通知

表 8-9　专用收款收据
收款日期 2019 年 4 月 30 日

付款单位	江滨市东岳建材公司	收款单位		江滨市宏伟建筑工程公司								
人民币（大写）	陆拾万元整	百	十	万	千	百	十	元	角	分	转账	
		¥		6	0	0	0	0	0	0		
事由	收长期股权投资转让款	经办部门									财务部	
		经办人员									李梅	
上述款项照数收讫无误。		会计主管		稽核		出纳				交款人		
收款单位财务章						徐微				李力		

第二联　收款方收款凭证

表 8-10　股权转让协议

股权转让协议书

转让方：江滨市宏伟建筑工程公司（公司）（以下简称甲方）
受让方：江滨市东岳建材公司　　（公司）（以下简称乙方）

　　江滨市泰北建材公司（以下简称公司）于 2014 年 1 月 1 日在江滨市设立，由甲方与 A 公司、B 公司共同出资经营，注册资金为人民币 500 万元，其中，甲方占 10%股权。甲方愿意将其占公司 10%的股权转让给乙方，乙方愿意受让。现甲乙双方根据《中华人民共和国公司法》和《中华人民共和国合同法》的规定，经协商一致，就转让股权事宜，达成如下协议：

　一、股权转让的价格及转让款的支付期限和方式：
　1．甲方占有公司 10%的股权，根据原公司合同书规定，甲方应出资人民币 50 万元，实际出资人民币 50 万元。现甲方将其占公司 10%的股权以人民币 60 万元转让给乙方。
　2．乙方应于本协议书生效之日起 10 天内按前款规定的币种和金额将股权转让款以银行转帐方式一次支付给甲方。

　二、甲方保证对其拟转让给乙方的股权拥有完全处分权，保证该股权没有设定质押，保证股权未被查封，并免遭第三人追索，否则甲方应当承担由此引起的一切经济和法律责任。

　三、有关公司盈亏（含债权债务）的分担：
　1．本协议书生效后，乙方按受让股权的比例分享公司的利润，分担相应的风险及亏损。
　2．如因甲方在签订本协议书时，未如实告知乙方有关公司在股权转让前所负债务，致使乙方在成为公司的股东后遭受损失的，乙方有权向甲方追偿。

　四、违约责任：
　1．本协议书一经生效，双方必须自觉履行，任何一方未按协议书的规定全面履行义务，应当依照法律和本协议书的规定承担责任。
　2．如乙方不能按期支付股权转让款，每逾期一天，应向甲方支付逾期部分转让款的万分之五的违约金。如因乙方违约给甲方造成损失，乙方支付的违约金金额低于实际损失的，乙方必须另予以补偿。
　3．如由于甲方的原因，致使乙方不能如期办理变更登记，或者严重影响乙方实现订立本协议书的目的，甲方应按照乙方已经支付的转让款的万分之五向乙方支付违约金。如因甲方违约给乙方造成损失，甲方支付的违约金金额低于实际损失的，甲方必须另予以补偿。

　五、协议书的变更或解除：
　甲乙双方经协商一致，可以变更或解除本协议书。

　六、生效条件：
　本协议书经甲乙双方签字、盖章生效。双方应于协议书生效后依法向工商行政管理机关办理变更登记手续。

　七、本协议书一式四份，甲乙双方各执一份，其余两份留公司。

　　　转让方：　　　　　　　　　　　　　　　受让方：
　　　　　　　　　　　　　　　　　　　　　　2019 年 4 月 30 日于江滨市

表 8-11 长期股权投资减值准备

2019 年 4 月 30 日

项目	账面价值	2019 年 4 月 30 日 公允价值	应计提减值准备
长期股权投资		900 000	

会计主管：方雄　　　　　　　　　　　　　　制单：刘军

【实训要求】

1. 为江滨市宏伟建筑工程公司开立长期股权投资及应收股利明细账并登记期初余额。
2. 根据本月发生的经济业务编制记账凭证。
3. 将编制的记账凭证登记长期股权投资及应收股利明细账并结账。

实训九　固定资产核算的训练

【实训目的】

能办理固定资产的增减变动及后续费用变动的凭证手续，能对固定资产增减、固定资产折旧、固定资产修理、固定资产清理、固定资产清查的业务进行核算，具有对固定资产各种业务核算的能力。

【实训资料】

资料1：江滨市宏伟建筑工程公司2019年3月末固定资产和累计折旧余额见表9-1。

表9-1　江滨市宏伟建筑工程公司2019年3月末固定资产和累计折旧余额

总账科目	明细科目	借方余额	贷方余额	折旧年限(年)	残值率
固定资产	办公楼	1 180 600		50	
	塔吊（2台）	506 000			
	搅拌机（10台）	96 000			
	其他施工机械	330 000		10	4%
	载重汽车（3辆）	336 000			
	办公用车辆（3台）	468 000			
	计算机	136 080		3	
累计折旧	办公楼		204 965		
	塔吊（2台）		182 600		
	搅拌机（10台）		172 000		
	其他施工机械		55 600		
	载重汽车（3辆）		68 000		
	办公用车辆（3台）		76 000		
	计算机		45 800		
在建工程	办公楼自建工程	600 800			
	其中：人工费	126 168			
	材料费	420 560			
	其他费用	54 072			

资料2：江滨市宏伟建筑工程公司2019年4月发生的经济业务及相关原始凭证如下。

① 4月6日，购入塔吊一台，设备已验收，开出转账支票一张99 000元，支付设备款。原始凭证见表9-2～表9-4。

② 4月7日，自建的办公楼工程交付使用，价款600 800元，根据固定资产交付验收表办理验收。原始凭证见表9-5。

③ 4月15日，发生日常修理费，其中塔吊修理费用1 800元，公司办公室发生汽车修理费用1 500元，公司开出转账支票两张。原始凭证见表9-6～表9-9。

④ 4月20日，办公室一台电脑使用年限已满，决定报废。该电脑原值4 500元，累计折旧4 365元，出售所得现金300元交财务部门。原始凭证见表9-10、表9-11。

⑤ 4月20日，在财产清查中发现盘盈搅拌机1台，重置完全价值11 000元，估计已提

折旧 5 335 元。原始凭证见表 9-12。

⑥ 4 月 20 日，购入越野汽车一辆，车辆已验收，开出转账支票一张 430 000 元付车款，并通过银行转账支付税款。原始凭证见表 9-13～表 9-16。

⑦ 4 月 30 日，购入打印机一台，价款 4 520 元，开出转账支票支付，已验收。原始凭证见表 9-17～表 9-19。

⑧ 4 月 30 日，购入电脑一台，价款 5 260 元，开出转账支票支付，已验收。原始凭证见表 9-20～表 9-22。

⑨ 4 月 30 日，在财产清查中发现盘亏电脑 1 台，原价 4 536 元，已提折旧 1 979.96。原始凭证见表 9-23。

⑩ 4 月 30 日，编制固定资产折旧计算表，采用平均年限法计提本月固定资产折旧。原始凭证见表 9-24。

表 9-2　江滨市增值税专用发票

发　票　联

开票日期 2019 年 4 月 6 日

购货单位	名　称	江滨市宏伟建筑工程公司												密码区									
	纳税人识别号	112011848140889																					
	地　址	江滨东路 668 号																					
	开户银行及账号	建设银行江滨分行 666666888888																					
货物或应税劳务名称	规格型号	单位	数量	单价	金　额									税　额									
					十	万	千	百	十	元	角	分	十	万	千	百	十	元	角	分			
塔吊		台	1	87 610.62		8	7	6	1	0	6	2		1	1	3	8	9	3	8			
合计(大写)	玖万玖仟元整				金额小写 ¥99 000								税　率					13%					
供货单位名称	江滨市宏达机械工程有限公司												备注										
纳税人识别号	330206713605588																						

收款单位盖章　　　　　　　　　　收款人　　　　　　　　　　开票人：张三

表 9-3　固定资产验收单

供货单位：江滨市宏达机械工程有限公司　　2019 年 4 月 6 日

固定资产名称	规格型号	单位	数量	预计使用年限	已使用年限	原值	已提折旧	净值
塔吊		台	1	10		87 610.62		87 610.62
合计						87 610.62		87 610.62

设备处签字：王军　　　　　　　使用部门签字：郑洁

表 9-4　中国建设银行
转账支票存根
VIV：001993011

科　目	
对方科目	
出票日期	2019年4月6日
收款人：	江滨市宏达机械工程有限公司
金　额：	99 000
用　途：	塔吊设备款

表 9-5　固定资产交付验收表
2019年4月7日

使用部门	办公楼自建工程各种费用汇总			
	材料费	人工	其他费用	合计
行政管理部门	420 560	126 168	54 072	600 800
合　计	420 560	126 168	54 072	600 800

部门负责人：许维　　　　　　　　　　　　　　经办人：赵荣

表 9-6　江滨市增值税普通发票
发　票　联

开票日期 2019年4月15日

购货单位	名　称	江滨市宏伟建筑工程公司	密码区
	纳税人识别号	112011848140889	
	地　址	江滨东路668号	
	开户银行及账号	建设银行江滨分行666666888888	

货物或应税劳务名称	规格型号	单位	数量	单价	金　额 十万千百十元角分	税　额 十万千百十元角分
塔吊修理费		台	1	1 592.92	1 5 9 2 9 2	2 0 7 0 8

合计（大写）	壹仟捌佰元整	金额小写￥1 800	税率	13%
供货单位名称	江滨市宏鑫机械工程有限公司	备注		
纳税人识别号	330206713605691			
地　址	江滨西路251号			
开户银行及账号	建设银行江滨分行66777888123			

收款单位盖章　　　　　　　收款人　　　　　　　开票人：林飞

表 9-7 江滨市增值税专用发票

发 票 联

开票日期　　2019 年 4 月 15 日

购货单位	名　　称	江滨市宏伟建筑工程公司	密码区												
	纳税人识别号	112011848140889													
	地　　址	江滨东路 668 号													
	开户银行及账号	建设银行江滨分行666666888888													

货物或应税劳务名称	规格型号	单位	数量	单价	金　　额								税　　额							
					十万	万	千	百	十	元	角	分	十万	万	千	百	十	元	角	分
汽车修理费		台	1	1 327.43				1	3	2	7	4	3				1	7	2	5	7

合计(大写)	壹仟伍佰元整	金额小写 ¥ 1 500	税率	13%

供货单位名称	江滨市长城汽车修理公司	备注
纳税人识别号	330206713605588	
地　　址	江滨西路 111 号	
开户银行及账号	建设银行江滨分行666777926135	

收款单位盖章　　　　　收款人　　　　　开票人：**王平**

表 9-8 中国建设银行
转账支票存根
VIV：001993022

科　目	
对方科目	
出票日期	2019 年 4 月 15 日
收款人：	江滨市宏鑫机械工程有限公司
金　额：	1 800
用　途：	塔吊修理款

表 9-9 中国建设银行
转账支票存根
VIV：001993033

科　目	
对方科目	
出票日期	2019 年 4 月 15 日
收款人：	江滨市长城汽车修理公司
金　额：	1 500
用　途：	汽车修理款

表 9-10 固定资产报废单

2019 年 4 月 20 日

固定资产名称	电脑	管理编号	666777	资产类别	设备	制造编号	
制造厂商	联想电脑公司	规格型号	Y460			单位	台
原值	4 500	已提折旧	4 365	原存放地点	办公室	数量	1
使用年限	5	已用年限	5 年	预计清理费用	0	预计净残值	300
设备使用状况	无使用价值						
附属设备状况							
单位负责人	伟张宏印	价值管理部门	财务部	实物管理部门	综合部	保管使用部门	办公室
		部门主管：方雄		部门主管：郑洁		部门主管：王宰	

表 9-11 专用收款收据

收款日期 2019 年 4 月 20 日

付款单位	江滨市阳光电脑回收有限公司			收款单位			江滨市宏伟建筑工程公司	
人民币（大写）	叁佰元整			百 十 万 千 百 十 元 角 分 ¥ 3 0 0 0 0			结算方式	现金
事由	收购电脑款			经办部门				
				经办人员				
上述款项照数收讫无误。 收款单位财务章		会计主管		稽核		出纳		交领款人 徐微

第二联 收款单位记账依据

表 9-12 固定资产盘盈盘亏报告表

编制单位：财务部　　　　　2019 年 4 月 20 日

| 固定资产编号 | 名称 | 规格 | 计量单位 | 盘 盈 | | | 盘 亏 | | | 备注 |
				数量	重置完全价值	估计已提折旧	数量	原价	已提折旧	
666888	搅拌机		台	1	11 000	5 335				
合计	搅拌机		台	1	11 000	5 335				

表 9-13 机动车销售增值税专用发票

开票日期　2019 年 4 月 20 日　　发票代码 141007720076　　发票号码 00861180

机打代码 机打号码	141007720076 00861180	税控码	
购货单	江滨市宏伟建筑工程公司	身份证号码/组织机构代码	16996665-2
车辆类型	越野车	厂牌型号　TRJ150L-GKPEKV3	产地　上海
合格证号		进口证明书号	
发动机号码	2TR838888	车辆设备代码/车架号码	JTEB88888BK066888
价税合计	肆拾叁万元整	小写　¥430 000	
销货单位名称	江滨裕中汽车销售服务公司	电话号码	66888999
纳税人识别号	4101047156666266	账号	73910101822002345600
地址	江滨市经济开发区江海东路中段	开户银行	中信银行江滨分行营业部
增值税税率或征收率	13%	增值税税额　¥49 469.03	主管税务机关及代码　141019876 经开国税局
不含税价	小写 ¥380 530.97	吨位　1	限乘人数　7
销货单位章		开票人　王瑞英　　备注：一车一票	

表 9-14　中国建设银行
转账支票存根
VIV：001993066

科　目
对方科目
出票日期　2019 年 4 月 20 日

收款人：	江滨裕中汽车销售服务公司
金　额：	430 000
用　途：	购汽车款

表 9-15　税收通用完税证

填发日期 2019 年 4 月 30 日

纳税人代码	16996665-2			地址		江滨东路 668 号	
纳税人名称	江滨市宏伟建筑工程公司			税款所属时期			
税种	品目名称	课税数量	计税金额或销售收入	税率或单位税额	已缴或扣除额		实缴金额
车辆购置税	车辆购置税	1	380 530.97	10%			38 053.10
合计金额			（大写）叁万捌仟零伍拾叁元壹角整				￥38 053.10
税务机关（盖章）		委托代征单位（盖章）		填表人	王侠		

表 9-16　固定资产验收单

供货单位：江滨裕中汽车销售服务公司　2019 年 4 月 30 日

固定资产名称	规格型号	单位	数量	预计使用年限	已使用年限	原值	已提折旧	净值
越野车		辆	1	10		380 530.97		380 530.97
合计						380 530.97		380 530.97

设备处签字：王军　　　　　使用部门签字：郑洁

表 9-17　江滨市增值税专用发票

发　票　联

开票日期 2019 年 4 月 30 日

购货单位	名　　称	江滨市宏伟建筑工程公司	密码区												
	纳税人识别号	112011848140889													
	地　　址	江滨东路 668 号													
	开户银行及账号	建设银行江滨分行 666666888888													
货物或应税劳务名称	规格型号	单位	数量	单价	金　　额							税　　额				
					十万	千	百	十	元	角	分	十万	千	百	十	元	角	分
打印机	DS7600	台	1	4 000			4	0	0	0	0				5	2	0	0
合计(大写)	肆仟伍佰贰拾元整			金额小写 ¥4 520								税　率		13%		
供货单位名称	江滨德实电子技术公司			备注												
纳税人识别号	33045334567888															
地　　址	江滨西路 222 号															
开户银行及账号	建设银行江滨高新区支行 666123888															

收款单位盖章　　　　　　　　　收款人　　　　　　　　开票人：黄 伟

表 9-18　固定资产验收单

供货单位：江滨德实电子技术公司　　　　2019 年 4 月 30 日

固定资产名称	规格型号	单位	数量	预计使用年限	已使用年限	原值	已提折旧	净值
打印机	DS7600	台	1	5		4 520		4 520
合计						4 520		4 520

设备处签字：王 军　　　　　　　使用部门签字：郑 洁

表 9-19　中国建设银行转账支票存根 VIV：001993066	表 9-20　中国建设银行转账支票存根 VIV：001993099
科　目　　　　　　　　　　　 对方科目　　　　　　　　　　 出票日期　2019 年 4 月 30 日	科　目　　　　　　　　　　　 对方科目　　　　　　　　　　 出票日期　2019 年 4 月 30 日
收款人：江滨德实电子技术公司	收款人：江滨德实电子技术公司
金　额：　　4 520	金　额：　　5 260
用　途：　购打印机	用　途：　购电脑

表 9-21　江滨市增值税专用发票

发　票　联

开票日期 2019 年 4 月 30 日

购货单位	名　　称	江滨市宏伟建筑工程公司	密码区													
	纳税人识别号	112011848140889														
	地　　址	江滨东路 668 号														
	开户银行及账号	建设银行江滨分行 666666888888														
货物或应税劳务名称	规格型号	单位	数量	单价	金　　额							税　　额					
					十	万	千	百	十	元	角	分	十	万	千	百	十	元	角	分
电脑	联想 E40	台	1	4 654.87			4	6	5	4	8	7				6	0	5	1	3
合计(大写)	伍仟贰佰陆拾元整				金额小写￥5 260								税　率			13%				
供货单位名称	江滨德实电子技术公司				备注															
纳税人识别号	33045334567888																			
地　　址	江滨西路 222 号																			
开户银行及账号	建设银行江滨高新区支行 666777123488																			

收款单位盖章　　　　　　　　收款人　　　　　　　　开票人

表 9-22　固定资产验收单

供货单位：江滨德实电子技术公司　　　2019 年 4 月 30 日

固定资产名称	规格型号	单位	数量	预计使用年限	已使用年限	原值	已提折旧	净值
电脑	联想 E40	台	1	5		5 260		5 260
合计		台	1	5		5 260		5 260

设备处签字：王军　　　　　　　　使用部门签字：郑浩

表 9-23　固定资产盘盈盘亏报告表

编制单位：财务部　　　　　　　　2019 年 4 月 30 日

固定资产编号	名称	规格	计量单位	盘　盈			盘　亏			备注
				数量	重置完全价值	估计已提折旧	数量	原价	已提折旧	
666999	电脑		台				1	4 536	1 979.96	
合计			台				1	4 536	1 979.96	

表 9-24　固定资产折旧计算表

2019 年 4 月 30 日　　　　　　　　　　　　　　　单位：元

固定资产名称	上月折旧额	月折旧率	上月增加固定资产原值	本月应增加的折旧	上月减少固定资产原值	本月应减少的折旧	本月折旧额	受益对象	
								管理费用	机械作业
办公楼 A									
塔吊（2 台）									
搅拌机（10 台）									
其他施工机械									
载重汽车（3 辆）									
办公用车辆（3 辆）									
计算机（30 台）									
合　计									

会计主管：**方雄**　　　　　　　　　　　　　　　　制单：**刘军**

【实训要求】

1. 为江滨市宏伟建筑工程公司开立固定资产、累计折旧、在建工程明细账并登记期初余额。

2. 根据本月发生的经济业务编制记账凭证。

3. 根据记账凭证登记固定资产、累计折旧、在建工程明细账并结账。

实训十　负债核算的训练

【实训目的】

学会办理企业与外部单位或企业内部各部门及人员之间发生的应付款项的凭证手续，能对应付账款、预收账款、其他应付款等应付款项业务进行核算，具有对应付款项核算的能力。

学会办理工资薪酬发放的凭证手续，能复核工资表，能独立对应付职工薪酬进行核算，会登记应付职工薪酬账簿，具有应付职工薪酬核算的能力。

学会办理税费上缴和计提的凭证手续，能对应交税费进行核算，具有应交税费核算的能力。

【实训资料】

资料1：江滨市宏伟建筑工程公司2019年3月末各项流动负债期末余额见表10-1。

表10-1　江滨市宏伟建筑工程公司2019年3月末流动负债余额

总账科目	明细科目	贷方余额	总账余额
预收账款	中海房地产开发公司	100 000	100 000
预付账款	南方贸易有限公司	-50 000	-50 000
应付账款	江滨市正星建材厂	145 600	
	兴海市兴华公司	642 875	820 475
	江滨德实电子技术有限公司	32 000	
其他应付款	刘光泽	19 000	
	养老保险	8 195.52	
	失业保险	1 024.44	40 513.24
	医疗保险	2 048.88	
	住房公积金	10 244.40	
应付职工薪酬	职工福利费	30 000	
	社会保险费	29 708.76	
	其中：基本养老保险	20 488.80	
	失业保险	2 048.88	77 653.16
	基本医疗保险	7 171.08	
	住房公积金	10 244.40	
	工会经费	3 100	
	职工教育经费	4 600	
应交税费	企业所得税	49 520	
	增值税	30 000	
	城市建设维护税	2 100	
	印花税	300	91 050
	个人所得税	2 230	
	教育费附加	900	
	房产税	2 250	
	土地使用税	3 750	

资料2：宏伟建筑工程公司2019年4月发生的经济业务及相关原始凭证如下。

① 4月2日，购入红砖65 000块，不含税价款10 400元，货款未支付。原始凭证见表10-2、表10-3。

② 4月5日，从江滨市南方贸易有限公司购入钢材21.193吨，不含税价款77 582.50元，结转原预付款后余款暂欠。原始凭证见表10-4、表10-5。

③ 4月8日，以转账支票支付前欠江滨市正星建材厂红砖款90 400元。原始凭证见表10-6、表10-7。

④ 4月10日，以转账方式支付3月应交的职工养老保险、失业保险、医疗保险、住房公积金。原始凭证见表10-8～表10-11。

⑤ 4月10日，通过银行转账上交工会经费3 100元。原始凭证见表10-12。

⑥ 4月10日，缴纳企业所得税49 520元、增值税30 000元、城市建设维护税2 100元、个人所得税2 230元、教育费附加900元、印花税300元、房产税2 250元、土地使用税3 750元。原始凭证见表10-13、表10-14。

⑦ 4月10日，向职工刘光泽支付前欠款现金19 000元。原始凭证见表10-15。

⑧ 4月12日，收到转账支票一张200 000元，是中海房地产开发公司预付的工程款，已存入开户行。原始凭证见表10-16、表10-17。

⑨ 4月18日，开出转账支票一张32 000元，支付前欠江滨德实电子技术公司货款。原始凭证见表10-18、表10-19。

⑩ 4月20日，以现金支付项目经理培训费1 900元。原始凭证见表10-20。

⑪ 4月20日，购入复印纸3箱，含税价款3 400元，货款未支付。原始凭证见表10-21。

⑫ 4月22日，对石油公司办公楼项目部的施工用砂石、砖进行检测，检测费3 740元，款项尚未支付。原始凭证见表10-22。

⑬ 4月25日，以电汇方式支付前欠兴海市兴华公司材料款40 000元。原始凭证见表10-23、表10-24。

⑭ 4月30日，以现金支付4月22日的检测费3 740元。原始凭证见表10-25。

⑮ 4月30日，月末与建设单位中海房地产开发公司结算当月工程款550 000元，结转原预收账款。原始凭证见表10-26。

⑯ 4月30日，开出转账支票支付前欠江滨市天宝伟业科贸有限公司款3 400元。原始凭证见表10-27、表10-28。

⑰ 4月30日，提现金128 490元，备发工资。原始凭证见表10-29。

⑱ 4月30日，发放工资128 490元，并代扣应由职工个人负担的各种社会保险费及个人所得税。原始凭证见表10-30。

⑲ 4月30日，编制4月份工资分配表，分配工资。原始凭证见表10-31。

⑳ 4月30日，编制4月份工资附加费计提表，按规定比例计提工资附加费。填写原始凭证见表10-32。

㉑ 4月30日，编制社会保险费计提表，按规定比例计提由企业负担的职工养老保险、医疗保险、失业保险、住房公积金。填写原始凭证见表10-33。

㉒ 4月30日，工资发放人员交回因公外出人员陈伟未领工资3 100元。原始凭证见表10-34。

㉓ 4月30日，根据当月增值税16 500元，按规定的税率计提城建税、教育费附加和印花税。填原始凭证见表10-35。

㉔ 4月30日，向建行借入的期限为5年的借款2 000 000元已收转入银行账号。原始凭证见表10-36。

㉕ 4月30日，填制税收综合纳税申报表。原始凭证见表10-37。

表 10-2 江滨市增值税专用发票

发 票 联

开票日期2019 年 4 月 2 日

购货单位	名　称	江滨市宏伟建筑工程公司	密码区		
	纳税人识别号	112011848140889			
	地　址	江滨东路 668 号			
	开户银行及账号	建设银行江滨分行 666666888888			

货物或应税劳务名称	规格型号	单位	数量	单价	金额							税额					
					十	万	千	百	十	元	角	分	十	万	千	百	十	元	角	分
红砖		块	65 000	0.16			1	0	4	0	0	0				1	3	5	2	0	0

价款合计（大写）	壹万壹仟柒佰伍拾贰元整	金额小写￥11 752.00	税率	13%

供货单位名称	江滨市正星建材
纳税人识别号	33045334567666
地　址	江滨西路 198 号
开户银行及账号	建设银行江滨高新区支行 765434567774

备注：江滨市正星建材厂 财务专用章 1001125346

收款单位盖章　　　　收款人　　　　开票人：楠凤

表 10-3 收料单

供货单位：江滨市正星建材厂　　　2019 年 4 月 2 日　　　收料单号：015

材料名称	材料规格	计量单位	实收数量	实 际 成 本		总计
				买　价		
				单价	合计	
红砖		块	65 000	0.16	10 400	10 400
合计		块	65 000		10 400	10 400

记账：张菲　　　　收料：王丽　　　　制单：胡兰

表 10-4 江滨市增值税专用发票

发 票 联

开票日期2019 年 4 月 5 日

购货单位	名　称	江滨市宏伟建筑工程公司	密码区
	纳税人识别号	112011848140889	
	地　址	江滨东路 668 号	
	开户银行及账号	建设银行江滨分行 666666888888	

货物或应税劳务名称	规格型号	单位	数量	单价	金额								税额						
					十	万	千	百	十	元	角	分	十	万	千	百	十	元	角	分
螺纹钢	φ16	吨	4.561	3700		1	6	8	7	5	7	0			2	1	9	3	8	4
盘圆	φ6.5	吨	4.65	3650		1	6	9	7	2	5	0			2	2	0	6	4	3
盘圆	φ10	吨	8.412	3650		3	0	7	0	3	8	0			3	9	9	1	4	9
盘圆	φ12	吨	3.57	3650		1	3	0	3	0	5	0			1	6	9	3	9	7
					￥	7	7	5	8	2	5	0	￥	1	0	0	8	5	7	3

价款合计（大写）	捌万柒仟陆佰陆拾捌元贰角叁分	金额小写￥87 668.23	税率	13%

供货单位名称	江滨市南方贸易公司
纳税人识别号	33045334561234
地　址	江滨南路 38 号
开户银行及账号	建设银行江滨分行　765434234765

备注：江滨市南方贸易公司 发票专用章 10011234524356

收款单位盖章　　　　收款人　　　　开票人：楠凤

表 10-5　收料单

供货单位：江滨市南方贸易有限公司　2019 年 4 月 5 日　　　收料单号：006

材料名称	材料规格	计量单位	实收数量	实际成本 买价 单价	实际成本 买价 合计	总计
螺纹钢	φ16	吨	4.561	3 700	16 875.70	16 875.70
盘圆	φ6.5	吨	4.650	3 650	16 972.50	16 972.50
盘圆	φ10	吨	8.412	3 650	30 703.80	30 703.80
盘圆	φ12	吨	3.570	3 650	13 030.50	13 030.50
合计			21.193		77 582.50	77 582.50

记账：王军　　　　　　　收料：王丽　　　　　　　制单：李兰

表 10-6　中国建设银行
转账支票存根
VIV：001993045

科　目
对方科目
出票日期　　2019 年 4 月 8 日

收款人：	江滨市正星建材厂
金　额：	90 400
用　途：	砖　款

表 10-7　专用收款收据

收款日期 2019 年 4 月 8 日

付款单位	江滨市宏伟建筑工程公司		收款单位	江滨市正星建材厂
人民币（大写）	玖万零肆佰元整	百十万千百十元角分 ¥ 9 0 4 0 0 0 0	结算方式	转　账
事由	收到前欠款	经办部门 经办人员		
上述款项核收无误，收款单位财务章		会计主管　　稽核　　出纳	交领款人	刘刚

第三联付款单位记账依据

表 10-8　江滨省社会保险费专用缴款书

隶属关系：地区　　　　　　　　　　　　　　　　　　　　滨财政监字第 3650 号
注册类型：国有企业　　　　　2019 年 4 月 10 日 填制　　　征收机关：江滨市税务

缴款单位	代　码	16996665-2	收款单位	财政机关	江滨财政社会保障基金
	全　称	江滨市宏伟建筑工程公司		开户银行	中国银行高新支行
	开户银行	建设银行江滨分行		账　号	4005006785678
	账　号	666666888888		费　种	养老保险
税款所属日期　2019 年 3 月			税款缴款日期 2019 年 4 月		
项目	缴费基数	缴费比例		应缴费额	实缴金额
个人缴纳		8%		8 195.52	8 195.52
单位缴纳		20%		20 488.80	20 488.80
利息					
滞纳金	天，每日按费额加收　‰				
罚款					
金额合计（大写）	贰万捌仟陆佰捌拾肆元叁角贰分			￥28 684.32	建设银行江滨分行 2019.4.10 转讫章
缴款单位盖章	税务机关 专管员：张林		上列款项已收妥并划转 收款单位账户		备注 (5)

表 10-9　江滨省社会保险费专用缴款书

隶属关系：地区　　　　　　　　　　　　　　　　　　　　滨财政监字第 3651 号
注册类型：国有企业　　　　　2019 年 4 月 10 日 填制　　　征收机关：江滨市税务

缴款单位	代　码	16996665-2	收款单位	财政机关	江滨财政社会保障基金
	全　称	江滨市宏伟建筑工程公司		开户银行	中国银行高新支行
	开户银行	建设银行江滨分行		账　号	4005006785678
	账　号	666666888888		费　种	失业保险
税款所属日期　2019 年 3 月			税款缴款日期 2019 年 4 月		
项目	缴费基数	缴费比例		应缴费额	实缴金额
个人缴纳		1%		1 024.44	1 024.44
单位缴纳		2%		2 048.88	2 048.88
利息					
滞纳金	天，每日按费额加收　‰				
罚款					
金额合计（大写）	叁仟零柒拾叁元叁角贰分			￥3 073.32	建设银行江滨分行 2019.4.10 转讫章
缴款单位盖章	税务机关 专管员：张林		上列款项已收妥并划转 收款单位账户		备注 (5)

表 10-10　江滨省社会保险费专用缴款书

隶属关系：地区　　　　　　　　　　　　　　　　　　　滨财政监字第 3652 号
注册类型：国有企业　　　　　2019 年 4 月 10 日 填制　　征收机关：江滨市税务

缴款单位	代　码	16996665-2	收款单位	财政机关	江滨财政社会保障基金
	全　称	江滨市宏伟建筑工程公司		开户银行	中国银行高新支行
	开户银行	建设银行江滨分行		账　号	4005006785678
	账　号	666666888888		费　种	医疗保险

税款所属日期　2019 年 3 月　　　　　　　税款缴款日期 2019 年 4 月

项目	缴费基数	缴费比例	应缴费额	实缴金额
个人缴纳		2%	2 048.88	2 048.88
单位缴纳		7%	7 171.08	7 171.08
利息				
滞纳金	天，每日按费额加收　‰			
罚款				
金额合计(大写)	玖仟贰佰壹拾玖元玖角陆分		¥9 219.96	
缴款单位盖章	税务机关 专管员：张林		上列款项已收妥并划转 收款单位账号	备注

表 10-11　江滨省住房公积用缴款书

　　　　　　　　　　　　　　2019 年 4 月 10 日 填制　　滨财政监字第 3477 号

缴款单位	代　码	16996665-2	收款单位	财政机关	江滨住房公积金管理中心
	全　称	江滨市宏伟建筑工程公司		开户银行	中国银行高新支行
	开户银行	建设银行江滨分行		账　号	4005006781222
	账　号	666666888888		费　种	住房公积金

税款所属日期　2019 年 3 月　　　　　　　税款缴款日期 2019 年 4 月

项目	缴费基数	缴费比例	应缴费额	实缴金额
个人缴纳		10%	10 244.40	10 244.40
单位缴纳		10%	10 244.40	10 244.40
利息				
滞纳金	天，每日按费额加收　‰			
罚款				
金额合计(大写)	玖仟贰佰壹拾玖元玖角陆分		¥20 488.80	
缴款单位盖章	税务机关 专管员：张林		上列款项已收妥并划转 收款单位账号	备注

表 10-12　行政拨交工会经费缴款书（支款通知）

缴款单位：江滨市宏伟建筑工程公司　　2019 年 4 月 10 日　　　编号

所属月份	职工人数	月职工工资总额	应缴2%工会经费	迟交天数	按5%应缴滞纳金
	3	155 000	3 100		

付款单位		基层工会收款单位		上级工会收款单位	
名　称	江滨市宏伟建筑工程公司	名　称	宏伟建筑工程公司工会委员会	名　称	江滨市总工会
账　号	666666888888	账　号	5006682212066759	账　号	5008662212004536
开户银行	建设银行江滨分行	开户银行	建设银行江滨分行	开户银行	工商银行建国分行
付款金额	十 万 千 百 十 元 角 分 　　 ¥ 3 1 0 0 0 0	57% 收款 金额	十 万 千 百 十 元 角 分 　　　 ¥ 1 7 6 7 0 0	43% 收款 金额	十 万 千 百 十 元 角 分 　　　 ¥ 1 3 3 3 0 0
付款金额	人民币(大写)叁仟壹佰元整				
备注：		上列款项已从你单位账户内交付分别划转有关收款单位账号 付款单位开户银行盖章			

（建设银行江滨分行 2019.4.10 转讫章）(5)

表 10-13　中华人民共和国税收通用缴款书　　　江缴字 NO476061

隶属关系：地区
注册类型：国有企业　　填发日期 2019 年 4 月 10 日　　征收机关:江滨市税务

缴款单位	纳税人识别号	112011848140889	预算单位	编　码	0765
	全　称	江滨市宏伟建筑工程公司		名　称	一般营业税
	开户银行	建设银行江滨分行		级　次	市级
	账　号	666666888888		收款国库	人民银行中心库

税款所属日期　2019 年 3 月　　税款缴款日期　2019 年 4 月

品　目 名　称	课税 数量	计税金额 或销售收入	税率或 单位税额	已缴或 扣除额	实缴金额
增值税					30 000
城市建设维护税		30 000	7%		2 100
教育费附加		30 000	3%		900
印花税		1 000 000	0.03%		300
金额合计(大写)		叁万叁仟叁佰元整			
纳款单位盖章		税务机关盖章	上列款项已收妥并划转收款 单位账号		备注

第一联缴款单位收款盖章凭证
后退国库银行收完税盖章证

（江滨市宏伟建筑工程公司 财务专用章 1001123456）
（建设银行江滨分行 2019.4.10 转讫章）(5)

表 10-14 中华人民共和国

税收通用缴款书

隶属关系：地区　　　　　　　　　　　　　　　　　　　　江地缴字 NO476062
注册类型：国有企业　　　填发日期 2019 年 4 月 10 日　　征收机关：江滨市税务

缴款单位	纳税人识别号	112011848140889		预算单位	编　码	0765
	全　　称	江滨市宏伟建筑工程公司			名　称	一般营业税
	开户银行	建设银行江滨分行			级　次	市级
	账　　号	666666888888			收款国库	人民银行中心库

税款所属日期	2019 年 3 月		税款缴款日期	2019 年 4 月	
品　目 名　称	课税数量	计税金额 或销售收入	税率或 单位税额	已缴或 扣除额	实缴金额
企业所得税			25%		49 520
个人所得税			5%		2 230
房产税					2 250
土地使用税					3 750
金额合计（大写）	伍万柒仟柒佰伍拾元整				
缴款单位盖章		税务机关盖章	上列款项已收妥并划转收款 单位账号		备注

表 10-15 收据

2019 年 4 月 10 日

人民币壹万玖仟元整

上款系　收回前欠款　　¥19 000

会计		出纳	将愉	复核	木中

表 10-16 专用收款收据

收款日期　2019 年 4 月 12 日

付款单位	中海房地产开发公司	收款单位				江滨市宏伟建筑工程公司				
人民币 (大写)	贰拾万元整	百	十万	千	百	十	元	角	分	结算方式
		¥	2	0	0	0	0	0	0	转账
事由	预收工程款	经办部门								
		经办人员								
上述款项照数收讫无误. 收款单位财务章		会计主管		稽　核		出　纳			交领款人
									林明

表 10-17　中国建设银行进账单（收账通知）

2019 年 4 月 12 日

出票人	全　称	中海房地产开发公司	收款人	全　称	江滨市宏伟建筑工程公司	此联是收款人开户行交给收款人的通知
	账　号	123456123456		账　号	666666888888	
	开户银行	工商银行江滨分行		开户银行	建设银行江滨分行	
人民币（大写）贰拾万元整				百 十 万 千 百 十 元 角 分 ¥　2　0　0　0　0　0　0　0		
票据种类				出票人开户银行盖章		
票据张数						
单位主管　　会计　　复核　　记账						

表 10-18　中国建设银行
转账支票存根
VIV：001993053

科　目
对方科目

出票日期　　2019 年 4 月 18 日

收款人：	江滨德实电子技术公司
金　额：	32 000
用　途：	前欠款

表 10-19　专用收款收据

收款日期 2019 年 4 月 18 日

付款单位	江滨市宏伟建筑工程公司	收款单位	江滨德实电子技术公司									第二联　收款方收款凭证
人民币 （大写）	叁万贰仟元整		百 十 万 千 百 十 元 角 分								结算方 式转账	
			¥　　3　2　0　0　0　0　0									
事由	前欠款		经办部门									
			经办人员									
上述款项照数收讫无误． 收款单位财务章		会计主管	复核			出　纳				交款人 王则		

表 10-20　江滨省行政事业性收费统一收据

2019 年 4 月 20 日

缴款单位或姓名	江滨市宏伟建筑工程公司		缴款方式					现　金				
收费项目	数　量	收费标准	金			额						报销凭证
			十	万	千	百	十	元	角	分		
项目经理培训费	2人	950元/人			1	9	0	0	0	0		
合　　计			¥	1	9	0	0	0	0			
金额(大写)	壹仟玖佰元整											

收款单位盖章　　　　　　　　　　　　　　　　　收款人：李铃

表 10-21　江滨市增值税专用发票

开票日期：2019 年 4 月 20 日　　　发　票　联

购货单位	名　称	江滨市宏伟建筑工程公司	密码区															
	纳税人识别号	112011848140889																
	开户银行及账号	建设银行江滨分行 666666888888																
	地　址	江滨东路 668 号																
货物或应税劳务名称	规格型号	单位	数量	单价	金				额				税				额	
					十	万	千	百	十	元	角	分	十	万	千	百	十	元	角	分
复印纸	A4	箱	3	1 002.95			3	0	0	8	8	5				3	9	1	1	5
					¥		3	0	0	8	8	5	¥			3	9	1	1	5
合计(大写)	叁仟肆佰元整									税率			13%							
销货单位	名　称	江滨市天宝伟业科贸有限公司	备注																	
	纳税人识别号	630104710564548																		
	地址、电话	江滨市高新区胜利路 59 号 65924781																		
	开户行及账号	建设银行江滨高新区支行 66632558																		

表 10-22　江滨市行政事业性收费统一收据

2019 年 4 月 22 日

缴款单位或姓名	江滨市宏伟建筑工程公司		缴款方式					转　账				
收费项目	数量	收费标准	金			额						报销凭证
			十	万	千	百	十	元	角	分		
砂石检测费	5组	220			1	1	0	0	0	0		
砖检测费	3组	880			2	6	4	0	0	0		
小　计			¥		3	7	4	0	0	0		
金额大写	叁仟柒佰肆拾元整											

收款单位盖章　　　　　　　　　　　　　　　　　收款人：王海涛

表 10-23　中国工商银行　电汇凭证

委托日期 2019 年 4 月 25 日

收款人	全称	兴海市兴华公司	汇款人	全称	江滨市宏伟建筑工程公司	此联为付款凭证
	账号	112233445566		账号	666666888888	
	开户银行	工商银行兴海分行		开户银行	建设银行江滨分行	
金额大写		肆万元整	千 百 十 万 千 百 十 元 角 分			
			￥ 4 0 0 0 0 0 0			
款项用途　前欠款						
上列款项已根据委托办理，如需查询请持此回单来行面洽。			汇出行盖章		建设银行江滨分行 2019.4.25 转讫章 (5)	
单位主管　会计　复核　记账					2019 年 4 月 25 日	

表 10-24　专用收款收据

收款日期　2019 年 4 月 25 日

付款单位	江滨市宏伟建筑工程公司	收款单位	兴海市兴华公司		第三联付款方付款凭证
人民币（大写）	肆万元整	百 十 万 千 百 十 元 角 分	结算方式	转账	
		￥ 4 0 0 0 0 0 0			
事由	前欠款	经办部门			
		经办人员			
上述款项照数收讫无误。收款单位财务章		会计主管　稽核	出纳	交领款人	

（印章：兴海市兴华公司 财务专用章 330×2895）

表 10-25　专用收款收据

收款日期　2019 年 4 月 30 日

付款单位	江滨市宏伟建筑工程公司	收款单位	江滨市质量检测中心		第三联付款方付款凭证
人民币（大写）	叁仟柒佰肆拾元整	百 十 万 千 百 十 元 角 分	结算方式	现金	
		￥ 3 7 4 0 0 0			
事由	前欠款	经办部门			
		经办人员			
上述款项照数收讫无误。收款单位财务章		会计主管　稽核	出纳	交领款人	

（印章：江滨市质量检测中心 财务专用章 001126077）

表 10-26　滨江省江滨市增值税发票

发 票 联

付款单位：中海房地产开发公司　　2019 年 4 月 30 日

收款单位	江滨市宏伟建筑工程公司		竣工日期		合同编号		
收款日期	2019 年 4 月		工程类别		建筑面积	3 500平方米	
结算项目	单位	数量	金　　　额		税率 9%		
			千 百 十 万 千 百 十 元 角 分		万 千 百 十 元 角 分		
工程款			5 5 0 0 0 0 0		4 9 5 0 0 0 0		
价税合计金额（大写）	伍拾玖万玖仟伍佰元整		¥ 5 5 0 0 0 0 0		4 9 5 0 0 0 0		
结算方式	转　账		开户银行				

收款单位盖章　　　　收款人：孙飞　　　　开票人：梁军

表 10-27　中国建设银行

转账支票存根

VIV：001998055

科　目

对方科目

出票日期　2019 年 4 月 30 日

收款人：江滨市天宝伟业科贸有限公司
金　额：　3 400
用　途：　购复印纸

表 10-28　专用收款收据

收款日期　2019 年 4 月 30 日

付款单位	江滨市宏伟建筑工程公司	收款单位	江滨市天宝伟业科贸有限公司							
人民币（大写）	叁仟肆佰元整			百	十	万	千	百	十 元 角 分	结算方式
						¥	3	4	0 0 0 0	现　金
事由	前欠款			经办部门						
				经办人员						
上述款项照数收讫无误。收款单位财务章		会计主管	稽　核		出　纳				交领款人	

第三联　付款方付款凭证

表 10-29　中国建设银行

现金支票存根

VIV：001993045

科　　目

对方科目

出票日期　2019 年 4 月 30 日

收款人：	江滨市宏伟建筑工程公司
金　额：	128 490
用　途：	发放工资

表 10-30　4 月工资结算汇总表

制表单位：江滨市宏伟建筑工程公司　　2019 年 4 月 30 日

部门及人员类别	应付工资		代扣款项						实发工资
	岗位工资	应付工资合计	养老保险	医疗保险	失业保险	住房公积金	个人所得税	小计	
公司管理人员	61 000	61 000	4 880	1 220	610	6 100	4 200	17 010	43 990
建安工人	100 000	100 000	8 000	2 000	1 000		4 500	15 500	84 500
合　计	161 000	161 000	12 880	3 220	1 610	6 100	8 700	32 510	128 490

负责人：*张宏伟*　　主管会计：*方雄*　　制表单位：劳资科　　制表：*李梅*

表 10-31　4 月份工资分配表

人员类别 受益对象	建筑安装生产工人	公司管理部门人员	合计
管理费用			
中海房地产安居工程			
合　计			

负责人：*张宏伟*　　主管会计：*方雄*　　制表单位：劳资科　　制表：*李梅*

表 10-32　4 月份工资附加费计提表

客户名称	职工福利费			工会经费			职工教育经费		
	应付工资	提取率	提取额	应付工资	提取率	提取额	应付工资	提取率	提取额
管理费用		14%			2%			1.5%	
工程施工（安居工程）		14%			2%			1.5%	
合计									

负责人：张宏伟　　主管会计：方雄　　制表单位：劳资科　　制表：李梅

表 10-33　社会保险费计提表

2019 年 4 月 30 日

项目	养老保险		医疗保险		失业保险		住房公积金		总计
	比率(%)	金额(元)	比率(%)	金额(元)	比率(%)	金额(元)	比率(%)	金额(元)	
计算基数									
企业承担	22		7.5		2		10		
合计									

负责人：张宏伟　　主管会计：方雄　　制表单位：劳资科　　制表：李梅

表 10-34　专用收款收据

收款日期　2019 年 4 月 30 日

付款单位		收款单位	宏伟建筑工程公司										第三联记账联
人民币（大写）	叁仟壹佰元整		百	十	万	千	百	十	元	角	分	结算方式	
					¥	3	1	0	0	0	0	现金	
事由	劳资科因公外出人员陈伟未领工资	经办部门											
		经办人员											
上述款项照数收讫无误。收款单位财务章		会计主管 方雄	稽核			出纳			交领款人 徐微				

表 10-35　4 月份税金计提表

2019 年 4 月 30 日

税　目	计税基数	税率	税额
城建税		7%	
教育费附加		3%	
印花税		0.3‰	
合　计			

主管会计：方雄　　　　　　审核：刘军　　　　　　制表人：韦光

表 10-36　贷款凭证（收账通知）

2019 年 4 月 30 日

单位名称	江滨市宏伟建筑工程公司	贷款种类	长期借款	贷款户账号	666666888888								
贷款金额（大写）	人民币贰佰万元整				千	百	十	万	千	百	十	元	角	分
					¥	2	0	0	0	0	0	0	0	0

用途	基建投资	单位申请日期	2019 年 3 月 1 日至 2019 年 4 月 20 日	利率	8%
		银行核定日期	2019 年 4 月 20 日至 2019 年 4 月 30 日		

以上贷款已核准备发放已转入你单位 666666888888 账号。

　　　　银行签章
　　　建设银行江滨分行
　　　　2019.4.30
　　　　结算专用章

建设银行江滨分行
2019.4.30　收款单位开户行签章
转讫章

表 10-37　税收综合纳税申报表

填报日期：　　　　年　　月　　日　　　　　　计量单位：元

纳税人名称		纳税人地址	
纳税人识别号		纳税人电话	
税款所属期限			

税　目	收入总额或增值税、消费税税额	允许扣除金额	计税金额	税率	申报应纳税额	已纳税额	减免税额	本期实际申报税额
增值税								
城建税								
教育费附加								
个人所得税								

纳税人声明	本单位所申报的以上内容真实、准确，如有虚假内容，愿承担法律责任。 法人代表签章：　　（公章） 　　年　　月　　日	代理人声明	本纳税申报表是根据国家税收法律和税务机关有关规定填报的，我确信它是真实、可靠完整的，如有不实，我愿担法律责任。 代理人签章： 经办人签章： 　　年　　月　　日	以下由税务机关填写 受理申报日期： 受理人签名（章）：　　年　月　日 复核人签名（章）

主管会计：　　　　　　　　　　　　　　　　　　经办人：

【实训要求】

1. 根据表 10-1 开立应付账款、应付票据、预收账款、应付职工薪酬、其他应付款、应交税费明细账，并录入期初余额。

2. 根据本月发生的经济业务编制记账凭证，并登记开设的明细账。

3. 为上述各明细账结出余额。

实训十一　所有者权益核算的训练

【实训目的】

熟知所有者权益的组成，能对投资者投入资本及接受捐赠业务进行核算，具有对实收资本及资本公积核算的能力。

【实训资料】

江滨市宏伟建筑工程公司 2019 年 4 月发生的经济业务及相关原始凭证如下。

① 4 月 6 日接到银行收账通知，收到江滨市科贸有限公司投入资本人民币 4 000 000元。原始凭证见表 11-1、表 11-2。

② 4 月 12 日，收到江滨市北方达达有限公司投入的运输设备 2 台，经评估确认该设备的价值为 550 000 元。原始凭证见表 11-3～表 11-5。

③ 4 月 20 日，收到林淼捐赠的试验设备一台，该设备市场价格为 60 000 元，公司以银行存款支付该设备运杂费 1 000 元。该设备已交付使用。原始凭证见表 11-6～表 11-9。

表 11-1　投资协议书

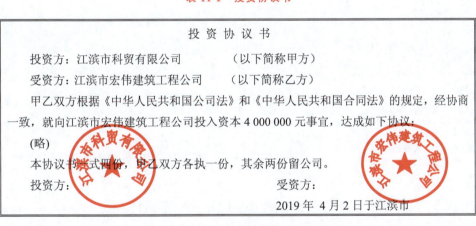

表 11-2　中国建设银行进账单（收账通知）

2019 年 4 月 6 日

出票人	全称	江滨市科贸有限公司	收款人	全称	江滨市宏伟建筑工程公司	此联是收款人开户行给收款人的通知
	账号	333333999999		账号	666666888888	
	开户银行	工商银行和平支行		开户银行	建设银行江滨分行	
人民币（大写）肆佰万元整					百 十 万 千 百 十 元 角 分 　　　　4 0 0 0 0 0 0 0 0	
票据种类		转账支票			出票人开户银行盖章	
票据张数		一张				
单位主管　　　会计　　　复核　　　记账						

表11-3 投资协议书

投 资 协 议 书

投资方：江滨市北方达达有限公司　　　　（以下简称甲方）
受资方：江滨市宏伟建筑工程公司　　　　（以下简称乙方）

　　甲乙双方根据《中华人民共和国公司法》和《中华人民共和国合同法》的规定，经协商一致，就向江滨市宏伟建筑工程公司投入设备事宜，达成如下协议：

(略)

本协议书一式四份，甲乙双方各执一份，其余两份留公司。

投资方：　　　　　　　　　　　　　　　　受资方：

2019 年 4 月 10 日于江滨市

表11-4 资产评估报告

资 产 评 估 报 告

　　滨江远信资产评估有限公司接受江滨市北方达达有限公司的委托，就该公司拟投入两辆汽车与江滨市宏伟建筑工程公司合资，依据国家关于资产评估的有关规定和国家有关部门制定的政策、法规，本着独立、公正、科学、客观的原则，经过现场勘查，主要采用重置成本法和收益现值法对委评资产进行评估，贵单位拟投入合资公司的资产在评估基准日2019 年 4 月 2 日的公允市价总计为人民币 55 000 元。（略）

滨江远信资产评估有限公司(公章)

评估机构法定代表人：

注册评估师：　　　　　　　　　注册评估师：

2019年4月2日

表11-5 固定资产交接单

2019 年 4 月 12 日

固定资产名称	规格型号	单位	数量	预计使用年限	已使用年限	原值	已提折旧	净值
汽车		辆	2	10	2	600 000	50 000	550 000
合计						600 000	50 000	550 000
投资单位				接受投资单位				

表 11-6　捐赠协议

捐　赠　协　议

捐赠方：林淼　　　　　　　　　　（以下简称甲方）

受赠方：江滨市宏伟建筑工程公司　（以下简称乙方）

甲乙双方经协商一致，就向江滨市宏伟建筑工程公司捐赠设备事宜，达成如下协议：

(略)

本协议书一式四份，甲乙双方各执一份，其余两份留公司。

捐赠方：　　　　　　　　　　受赠方：

2019 年 4 月 20 日于江滨市

表 11-7　固定资产交接单

2019 年 4 月 20 日

固定资产名称	规格型号	单位	数量	预计使用年限	已使用年限	原值	已提折旧	净值
试验设备		台	1	5		60 000		
合计						60 000		

捐赠方：　　　　　　　　　　受赠方：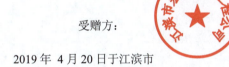

表 11-8　江滨市增值税专用发票

发 票 联

开票日期 2019 年 4 月 20 日

购货单位	名　称	林淼		密码区	
	纳税人识别号				
	地　址				
	开户银行及账号				

货物或应税劳务名称	规格型号	单位	数量	单价	金　额 十 万 千 百 十 元 角 分	税　额 十 万 千 百 十 元 角 分
试验设备		台	1	60 000	6 0 0 0 0 0 0	7 8 0 0 0 0
合计（大写）		陆万柒仟捌佰元整		金额小写￥67 800	税率	13%
供货单位名称		江滨实验设备销售有限公司				
纳税人识别号		330453345621212		备注		
地　址		江滨北路 125				
开户银行及账号		建设银行江滨分行 6661212122				

收款单位盖章　　　　　　　　　　收款人：李洋　　　　　　开票人：崔伟

表 11-9　江滨省江滨市道路货物运输增值税专用发票

购货人：江滨市宏伟建筑工程公司　　　2019 年 4 月 12 日

装货地点		发货人		地址		牌照号			
卸货地点		收货人		地址		运单号			
货物名称	件数	货物体积	实际重量(吨)	计费运输量		计费里程	运价率	运费金额	增值税
				吨	吨公里				税率　金额
试验设备			10			100	1 000		9%　90.00
小计							1 000		90.00
价税合计（大写）		壹仟零玖拾元整				结算方式	现金		

收款单位盖章　　　　　　　　　　　　　　　　　　　　开票人：刘丽

【实训要求】

根据实训资料为江滨市宏伟建筑工程公司编制记账凭证。

实训十二 工程成本核算的训练

【实训目的】

熟知工程成本的组成内容，能将发生的生产费用归集到对应的工程成本核算对象的各个成本项目，并计算出当月工程成本，会登记工程成本明细账，具有工程成本核算的能力。

【实训资料】

资料1：江滨市宏伟建筑工程公司2019年3月末工程施工账号余额见表12-1。

表12-1 江滨市宏伟建筑工程公司2019年3月末工程施工账号余额

总账科目	明细科目	借方余额	总账余额
工程施工	A工程(合同成本)	6 000 000	6 400 000
	人工费	1 550 000	
	材料费	3 800 000	
	机械使用费	250 000	
	其他直接费	150 000	
	间接费用	250 000	
	A工程(合同毛利)	400 000	

资料2：江滨市宏伟建筑工程公司第一项目部2019年4月发生的经济业务及相关原始凭证如下。

① 4月1日，A工程领用水泥50吨，B工程领用水泥30吨，水泥的计划单价为320元/吨。原始凭证见表12-2。

② 4月3日，A工程领用木材10立方米，B工程领用木材20立方米。木材的计划成本为700元/立方米。原始凭证见表12-3。

③ 4月8日，A工程领用中砂50立方米，B工程领用中砂20立方米。中砂的计划成本为60元/立方米。原始凭证见表12-4。

④ 4月12日，以现金支付A工程施工现场材料二次搬运费不含税4 500元。原始凭证见表12-5。

⑤ 4月15日，项目经理刘志坚报销差旅费2 263.19元。原始凭证见表12-6。

⑥ 4月15日，用现金支付安全人员教育培训费1 800元。原始凭证见表12-7。

⑦ 4月20日，A工程发生固定资产修理费不含税750元，以现金支付。原始凭证见表12-8。

⑧ 4月23日，B工程领用一次性摊销的生产工具500元。原始凭证见表12-9。

⑨ 4月23日，A工程领用钢材50吨，B工程领用钢材30吨。钢材的计划成本为5 400元/立方米。原始凭证见表12-10。

⑩ 4月25日，A工程领用空心砖20 000块，B工程领用空心砖10 000块。空心砖的计划成本为0.2元/块。原始凭证见表12-11。

⑪ 4月26日，发生材料检测费不含税3 000元，开出转账支票支付。原始凭证见表12-12、表12-13。

⑫ 4月27日，A工程领用碎石20立方米，B工程领用碎石10立方米，碎石的计划成本为70元/立方米。原始凭证见表12-14。

⑬ 4月28日，第一项目部发放当月工资600 000元，其中A工程工资350 000元，B工程工资250 000元，并分配工资。原始凭证见表12-15～表12-17。

⑭ 4月28日，以银行存款支付混凝土搅拌机的租赁费不含税9 000元，其中A工程使用25个台班，B工程使用20个台班。原始凭证见表12-18、表12-19。

⑮ 4月28日，计提本月固定资产折旧，其中第一项目部管理用固定资产原值为200 000元，自有塔吊等施工机械原值为500 000元，残值率为4%，使用年限为10年。A工程使用塔吊22个台班，B工程使用塔吊18个台班。原始凭证见表12-20。

⑯ 4月29日，本月进场材料的检测费不含税3 500元，款未付。原始凭证见表12-21。

⑰ 4月29日，项目部办公消耗领用油料，计划成本8 000元，其中A工程领用6 000元，B工程领用2 000元。原始凭证见表12-22。

⑱ 4月30日，按主要材料成本差异率1%，其他材料成本差异率－1%分配本月发出材料应负担的材料成本差异。原始凭证见表12-23。

⑲ 4月30日，按工资总额的14%计提职工福利费，编制福利费计提表，见表12-24。

⑳ A工程的临时设施原值为40 000元，B工程的临时设施原值为50 000，预计净残值率为4%，分别按10个月和8个月摊销，填写临时设施摊销表计提本月摊销额。原始凭证见表12-25。

㉑ 4月30日，按A工程、B工程当月实际发生的直接费成本分配间接费用。原始凭证见表12-26。

㉒ 月末A工程全部完工，B工程未完，结转本月完工工程成本。

表 12-2　领料单

领料部门：第一项目部　　　　　2019年4月1日　　　　　领料单号 201901

受益项目	名　称	规　格	计量单位	实发数量	计划单价（元/吨）	计划成本（元）
A工程	水泥		吨	50	320	16 000
B工程	水泥		吨	30	320	9 600
合计				80		25 600

领料：袁杰　　　　　保管员：张丽　　　　　项目经理：刘志坚

表 12-3　领料单

领料部门：第一项目部　　　　　2019年4月3日　　　　　领料单号 201902

受益项目	名　称	规　格	计量单位	实发数量	计划单价（元/立方米）	计划成本（元）
A工程	木材		立方米	10	700	7 000
B工程	木材		立方米	20	700	14 000
合计				30		21 000

领料：袁杰　　　　　保管员：张丽　　　　　项目经理：刘志坚

表 12-4　领料单

领料部门：第一项目部　　　　2019 年 4 月 8 日　　　　领料单号 201903

受益项目	名　称	规　格	计量单位	实发数量	计划单价（元/立方米）	计划成本（元）
A 工程	中砂		立方米	50	60	3 000
B 工程	中砂		立方米	20	60	1 200
合　计				70		4 200

领料：　袁杰　　　　　　保管员：　张丽　　　　　　项目经理：　刘志坚

表 12-5　江滨省江滨市道路货物运输增值税专用发票

购货人：江滨市宏伟建筑工程公司　　　　2019 年 4 月 12 日

装货地点		发货人		地址		牌照号		报销凭证
卸货地点		收货人		地址		运单号		
货物名称	件数	货物体积	实际重量(吨)	计费运输量	计费里程	运价率	运费金额	增值税
				吨	吨公里			税率	金额
搬运费							4 500	9%	405.00
小　计							4 500		405.00
价税合计（大写）	肆仟玖佰零伍元整				结算方式	现金		

收款单位盖章　　　　　　　　　　　　　　　　　　开票人：　刘丽

表 12-6　差旅费报销表

单位：江滨市宏伟建筑工程公司　　　　2019 年 4 月 15 日

月	日	时间	出发地	月	日	到达地	机票费	车船费	卧铺费	夜行车补助		市内交通费		宿费			出差补助		合计
										小时	金额	实支	包干	标准	实支	提成扣减	天数	金额	
3月11日			江滨—海南				450						263.19			850		5	250	1 813.19
3月15日			海南—江滨				450													450
合　计							900						263.19			850			250	2 263.19
出差任务	开会	报销金额(大写):贰仟贰佰陆拾叁元壹角玖分														预借金额		2 000	
		单位领导			部门	第一项目部		出差人	刘志坚							报销金额		2 263.19	
																结余或超支		263.19	

表 12-7　江滨省行政事业性收费统一收据

2019 年 4 月 15 日

缴款单位或姓名	江滨市宏伟建筑工程公司		缴款方式				现　金				
收费项目	数　量	收费标准	金　　　额								
			十	万	千	百	十	元	角	分	
安全员培训费	4人	450元/人		1	8	0	0	0	0		报销凭证
合　　计			¥	1	8	0	0	0	0		
金额大写	壹仟捌佰元整										

收款单位盖章　　　　　　　　　　　　　　　　收款人：李力

表 12-8　江滨省江滨市增值税专用发票

发　票　联

开票日期 2019 年 4 月 20 日

购货单位	名　称	江滨市宏伟建筑工程公司			纳税人识别号							112011848140889								
	地　址	江滨东路 668 号			开户银行及账号							建设银行江滨分行 666666888888								
货物或应税劳务名称	计量单位	数量	单价	金　　　　额								税　　　　额								
				十	万	千	百	十	元	角	分	十	万	千	百	十	元	角	分
修理电机	台	1	750				7	5	0	0	0					9	7	5	0
价税合计(大写)	捌佰肆拾柒元伍角整											税率				13%			
供货单位名称									开户银行及账号										

收款单位盖章　　　　　　　收款人：李晓　　　　　开票人：王凤

表 12-9　领料单

领料部门：第一项目部　　　2019 年 4 月 23 日　　　领料单号 201904

受益项目	名　称	规　格	计量单位	实发数量	计划单价 (元/吨)	计划成本 (元)
B 工程	生产工具		套	5	100	500
合　计				5	100	500

领料：耿达　　　　　　　保管员：张丽　　　　　项目经理：刘志坚

表 12-10　领料单

领料部门：第一项目部　　　　2019 年 4 月 23 日　　　　领料单号　201905

受益项目	名　称	规　格	计量单位	实发数量	计划单价（元/吨）	计划成本（元）
A 工程	钢材		吨	50	5 400	270 000
B 工程	钢材		吨	30	5 400	162 000
合计				80		432 000

领料：袁杰　　　　　　　保管员：张丽　　　　　　项目经理：刘志坚

表 12-11　领料单

领料部门：第一项目部　　　　2019 年 4 月 25 日　　　　领料单号　201906

受益项目	名　称	规　格	计量单位	实发数量	计划单价（元/块）	计划成本（元）
A 工程	空心砖		块	20 000	0.2	4 000
B 工程	空心砖		块	10 000	0.2	2 000
合计				30 000		6 000

领料：袁杰　　　　　　　保管员：张丽　　　　　　项目经理：刘志坚

表 12-12　江滨省江滨市增值税专用发票

发　票　联

开票日期 2019 年 4 月 26 日

购货单位	名　称	江滨市宏伟建筑工程公司			纳税人识别号						112011848140889							
	地　址	江滨东路 668 号			开户银行及账号						建设银行江滨分行 666666888888							
货物或应税劳务名称	计量单位	数量	单价	金　　额							税　　额							
				十	万	千	百	十	元	角	分	十	万	千	百	十	元	角	分
检测费	组	6	500			3	0	0	0	0	0				3	9	0	0	0
价税合计(大写)	叁仟叁佰玖拾											税率			13%				
供货单位名称				开户银行及账号														

收款单位盖章　　　　　　　收款人：王海滨　　　　　　开票：王　可

表 12-13　中国建设银行
转账支票存根
VIV：00600111

科　　目
对方科目
出票日期　　2019年4月26日

收款人：	江滨市质量检测中心
金　额：	3 390
用　途：	付材料检测费

表 12-14　领料单

领料部门：第一项目部　　　　2019年4月27日　　　　领料单号 201907

受益项目	名　称	规　格	计量单位	实发数量	计划单价（元/立方米）	计划成本（元）
A 工程	碎石		立方米	20	70	1 400
B 工程	碎石		立方米	10	70	700
合计				30		2 100

领料：袁杰　　　　保管员：张丽　　　　项目经理：刘志坚

表 12-15　第一项目部 A 工程 4 月工资结算汇总表

2019 年 4 月 28 日

人员	建安工人	管理人员	应付工资	扣税	实发工资	领款人签字
张为	—	—	—	—	—	张为
李青	—	—	—	—	—	李青
—						
合计	300 000	50 000	350 000	10 000	340 000	

负责人：刘志坚　　　主管会计：林红　　　制表单位：劳资科　　　制表：李梅

表 12-16　第一项目部 B 工程 4 月工资结算汇总表

2019 年 4 月 28 日

人员	建安工人	管理人员	应付工资	扣税	实发工资	领款人签字
王洁	—	—	—	—	—	王洁
刘海	—	—	—	—	—	刘海
—	—	—	—	—	—	—
合　计	200 000	50 000	250 000	5 000	245 000	

负责人：**刘志坚**　　主管会计：**林宏**　　制表单位：劳资科　　制表：**林可**

表 12-17　第一项目部 4 月份工资分配表

2019 年 4 月 28 日

人员类别 受益对象	建安装生产工人	项目管理人员	合　计
工程施工— A 工程			
工程施工— B 工程			
合　计			

负责人：**刘志坚**　　主管会计：**方雄**　　制表单位：劳资科

表 12-18　江滨市增值税专用发票
发　票　联

开票日期 2019 年 4 月 28 日

购货单位	名　称	江滨市宏伟建筑工程公司	密码区													
	纳税人识别号	112011848140889														
	地　址	江滨东路 668 号														
	开户银行及账号	建设银行江滨分行 666666888888														

货物或应税 劳务名称	规格 型号	单位	数量	单价	金　　额							税　　额					
					十万	千	百	十	元	角	分	十万	千	百	十	元	角	分
租赁费		台班	45	200		9	0	0	0	0	0			1	1	7	0	0	0

价款合计 (大写)	壹万零壹佰柒拾元整	金额小写￥10 170.00	税　率	13%
供货单位名称	江滨市南方贸易公司	备注		
纳税人识别号	33045334561234			
地　　址	江滨南路 38 号			
开户银行及账号	建设银行江滨分行　765434234765			

收款单位盖章　　　　收款人：**刘明**　　　　开票人：**李冰**

表 12-19　中国建设银行
转账支票存根
VIV：00600222

科　目
对方科目
出票日期　　　2019 年 4 月 28 日

收款人：	江滨市建筑机械租赁站
金　额：	10 170
用　途：	租赁费

表 12-20　4 月份固定资产折旧计提表

2019 年 4 月 28 日

固定资产类别及使用部门	应计折旧的固定资产原值	月折旧率(%)	月折旧额	受益对象	
				管理费用	工程施工
1. 管理用固定资产					
2. 塔吊					
其中：A 工程用					
B 工程用					
合　计					

主管会计：李芳　　　　审核：朱华　　　　制表人：刘小光

表 12-21　江滨省江滨市增值税专用发票
发　票　联

开票日期　2019 年 4 月 29 日

购货单位	名　称	江滨市宏伟建筑工程公司	纳税人识别号	112011848140889													
	地　址	江滨东路 668 号	开户银行及账号	建设银行江滨分行 666666888888													
货物或应税劳务名称	计量单位	数量	单价	金　　　额								税　　　额					
				十万	千	百	十	元	角	分		十万	千	百	十	元	角	分
检测费	组	7	500		3	5	0	0	0	0				4	5	5	0	0
价税合计(大写)	叁仟玖佰伍拾伍元整										税　率		13%				
供货单位名称				开户银行及账号													

收款单位盖章　　　　收款人：王海滨　　　　开票人：王可

表 12-22　领料单

领料部门：第一项目部　　　　　2019 年 4 月 29 日　　　　　领料单号 201907

受益项目	名　称	规　格	计量单位	实发数量	计划单价	计划成本(元)
A 工程	油料					6 000
B 工程	油料					2 000
合　计						8 000

领料：袁杰　　　　　　　保管员：张丽　　　　　　　项目经理：刘志坚

表 12-23　材料成本差异分配表

2019 年 4 月 30 日

受益对象 \ 材料	主要材料 (差异率 1%)		其他材料 (差异率－1%)		合　计	
	计划成本	材料成本差异	计划成本	材料成本差异	计划成本	材料成本差异
A 工程						
B 工程						
合　计						

表 12-24　4 月份工资附加费计提表

2019 年 4 月 30 日

受益对象	应付工资	提取率	提取额
管理费用			
工程施工			
合　计			

负责人：张宏伟　　主管会计：方雄　　制表单位：劳资科　　制表：李梅

表 12-25　临时设施摊销表

2019 年 4 月 30 日

受益对象	原值	摊销率	摊销额
A 工程			
B 工程			
合　计			

表 12-26　间接费用分配表

2019 年 4 月 30 日

受益对象	直接费用	分配率	间接费用
A 工程			
B 工程			
合　计			

【实训要求】

1. 根据资料 1 开设工程施工明细账。

2. 根据资料 2 编制记账凭证，并登记工程施工明细账。

3. 若资料 2 中材料的计划单价为实际单价，计划成本为实际成本，根据资料 2 编制记账凭证，并登记工程施工明细账。

实训十三 期间费用核算的训练

【实训目的】

熟知期间费用的组成内容，能对发生的管理费用和财务费用分别核算，并会登记管理费用和财务费用明细账，具有对期间费用核算的能力。

【实训资料】

资料 1：江滨市宏伟建筑工程公司 2019 年 3 月末有关账号的期末余额见表 13-1。

表 13-1 江滨市宏伟建筑工程公司 3 月末余额表

总分类账号	明细账号	借方余额
管理费用	人工费	20 000
	福利费	2 800
	办公费	6 000
	差旅费	5 000
	教育培训费	3 000
	招待费	1 000
财务费用	利息支出	3 000
	手续、工本费	500

资料 2：江滨市宏伟建筑工程公司行政部门 2019 年 4 月发生的经济业务及相关凭证如下。

① 4 月 3 日，财务部门购买办公用品 800 元，以现金支付。原始凭证见表 13-2。

② 4 月 6 日，公司预算员李晶出差归来，报销差旅费 5 200 元，并退回多余现金 800 元。原始凭证见表 13-3。

③ 4 月 13 日，支付公司聘请律师费不含税价款 8 000 元，现金支付。原始凭证见表 13-4。

④ 4 月 18 日，办理银行汇票，转账支付手续费 50 元。原始凭证见表 13-5。

⑤ 4 月 20 日，支付公司招待客人发生的餐饮费 1 000 元，现金付讫。原始凭证见表 13-6。

⑥ 4 月 21 日，收到银行转来的存款利息收入通知单，取得存款利息收入 593.60 元。原始凭证见表 13-7。

⑦ 4 月 23 日，以转账方式支付当月银行短期借款利息 20 000 元。原始凭证见表 13-8。

⑧ 4 月 30 日，购买转账支票和现金支票各一本，转账支付 40 元。原始凭证见表 13-9。

⑨ 4 月 30 日，支付本月张宏伟的手机话费 123 元。原始凭证见表 13-10。

⑩ 4 月 30 日，月末分配公司行政管理人员的工资 80 000 元。编制工资分配表见表 13-11。

⑪ 4 月 30 日，月末按本月行政管理人员应付工资总额的 14％ 计提职工福利费。原始凭证见表 13-12。

⑫ 4月30日，月末按本月行政管理人员应付工资的2%计提工会经费，按1.5%计提职工教育经费。原始凭证见表13-13。

⑬ 4月30日，月末结转本月财务费用和管理费用。

表13-2 江滨省江滨市增值税专用发票
发 票 联

开票日期 2019 年 4 月 3 日

购货单位	名称	江滨市宏伟建筑工程公司	纳税人识别号	112011848140889
	地址	江滨东路668号	开户银行及账号	建设银行江滨分行 666666888888

货物或应税劳务名称	计量单位	数量	单价	金额 十万千百十元角分	税额 十万千百十元角分
办公用纸	盒	4	200	8 0 0 0 0	1 0 4 0 0
价税合计(大写)		玖佰零肆元整			税率 13%
供货单位名称				结算方式	现金

销货单位盖章　　　　　　　　　收款人：韩 明　　　　开票人：王 力

表13-3 差旅费报销表

单位：江滨市宏伟建筑工程公司　　2019 年 4 月 6 日

月	日	出发地	月	日	到达地	机票费	车船费	卧铺费	夜行车补助		市内交通费		宿费		出差补助		合计
									小时	金额	实支	包干	实支	提成扣减	天数	金额	
3月19日至3月28日 江滨海—深圳						1750					150		2800	票据略	10	500	5200

出差任务	外出开会	报销金额（大写）人民币：伍仟贰佰元整				预借金额	6000
		单位领导	部门	公司预算科	出差人 李晶	报销金额	5200
						结余或超支	800

表13-4 江滨市增值税专用发票
发 票 联

开票日期 2019 年 4 月 13 日

购货单位	名称	江滨市宏伟建筑工程公司	密码区	
	纳税人识别号	112011848140889		
	地址	江滨东路668号		
	开户银行及账号	建设银行江滨分行 666666888888		

货物或应税劳务名称	规格型号	单位	数量	单价	金额 十万千百十元角分	税额 十万千百十元角分
咨询费					8 0 0 0 0	1 0 4 0 0
价款合计(大写)		玖仟零肆拾元整		金额小写¥9 040.00	税率	13%
供货单位名称		江滨正义律师事务所		结算方式	现金	

收款单位盖章　　　　　　　　　收款人：张 力　　　　开票人：王 强

表 13-5　业务收费凭证

币别：人民币　　　　　　2019 年 4 月 18 日　　　　　流水号：21045782383

付款人	江滨市宏伟建筑工程公司		账号	66666888888	
工本费	手续费	电子汇划费金额		合　　计	
0.00	10.00	40.00		50.00	
金额（大写）：伍拾元整					
付款方式	转　账				
备注：业务类型：银行汇票 凭证种类：			开户银行盖章		

（建设银行江滨分行 2019.4.18 转讫章 (5)）

表 13-6　发票联

表 13-7　（第 1 季度）利息清单

币别：人民币　　　　　　2019 年 4 月 21 日　　　　　NO. 400321

账　号	66666888888		户名：江滨市宏伟建筑工程公司		
计息项目	起息日	结息日	积　数	利　率	利　息
	2019.1.21	2019.4.21	95 600.00	0.6%	593.60
合计（大写）	人民币伍佰玖拾叁元陆角				593.60
上列利息，已收入你单位 66666888888 账号			开户银行盖章		

（建设银行江滨分行 2019.4.21 转讫章 (5)）

会计主管：**高愉**　　　　复核：**郑文**　　　　录入：**邵波**

表 13-8 贷款利息计息传票

计息日期：2019 年 3 月 23 日—4 月 23 日

贷款单位名称：江滨市宏伟建筑工程公司	
贷款单位账号：66666888888　　贷款积数：	
付息单位账号：66666888888　　人民币：贰万元整	
利　率：8.0%（年）　　利息金额：￥20 000.00	

表 13-9 业务收费凭证

币别：人民币　　　　　2019 年 4 月 30 日　　　　　流水号：21012345678

付款人	江滨市宏伟建筑工程公司		账　号	666666888888
工本费	手续费	电子汇划费金额	合　计	
10.00	30.00	0.00	￥40.00	
金额（大写）：肆拾元整				
付款方式	转　账			
备注：业务类型：支票出售 出售起号： 凭证种类：转账支票、现金支票 出售张数：各 25 张			开户银行盖章：	

表 13-10 中国移动江滨分公司收款专用发票

发　票　联　　　　代码：221100345678
2019 年 4 月 30 日　　　NO.000201934

用户名称	张宏伟		
合同号码	998866774455	起止日期	2019 年 4 月
本期收费明细及金额合计　￥123.00			金额结存
市话费 国内长途费 漫游费 月租费 短信费	80.00 10.00 18.00 10.00 5.00		3 月末结存 335 4 月末结存 212

表 13-11 公司行政管理人员 4 月份工资分配表

2019 年 4 月 30 日

人员类别 / 受益对象	行政管理人员	应付工资合计
合　计		

负责人：张宏伟　　　主管会计：方雄　　　制表单位：劳资科　　　制表：李梅

表 13-12　4 月份职工福利费计提表

2019 年 4 月 30 日

受益对象	应付工资	提取率	提取额
合　计			

负责人：张宏伟　　　主管会计：方雄　　　制表单位：劳资科　　　制表：李梅

表 13-13　4 月份工资附加费计提表

2019 年 4 月 30 日

受益对象	应付工资总额	工会经费(2%)	职工教育经费(1.5%)	合计
管理费用				
合　计				

负责人：张宏伟　　　主管会计：方雄　　　制表单位：劳资科　　　制表：李梅

【实训要求】

1. 根据资料 1 开立管理费用和财务费用明细账。
2. 根据资料 2 编制记账凭证，并登记管理费用和财务费用明细账。

实训十四 收入核算的训练

【实训目的】

能确认建造合同收入和费用,能对建造合同收入、其他业务收入进行核算,会计提税金及附加费用,具有对建筑企业收入核算的能力。

【实训资料】

资料1:2019年3月末江滨市宏伟建筑工程公司有关明细账余额见表14-1。

表14-1 江滨市宏伟建筑工程公司3月末科目明细表   单位:元

总账科目	明细科目	借方余额	贷方余额
工程施工	江滨市新光厂厂房改造工程(合同成本)	2 816 000	
	其中:人工费	545 400	
	材料费	1 548 800	
	机械使用费	252 800	
	其他直接费	197 120	
	间接费用	271 880	
	世纪家园(合同成本)	13 500 000	
	其中:人工费	4 050 000	
	材料费	8 100 000	
	机械使用费	610 800	
	其他直接费	529 000	
	间接费用	210 200	
应收账款	江滨市新光厂	1 000 000	
预付账款	预付分包单位款(宝山建筑)	50 000	
预收账款	预收工程款(黄海集团)		3 000 000
	预收备料款(黄海集团)		500 000

资料2:2019年4月江滨市宏伟建筑工程公司有关收入业务及相关凭证如下。

① 4月6日,江滨市新光厂厂房改造工程通过验收,工程合同造价3 200 000元。根据合同规定,合同完成后实行一次结算工程价款。原始凭证见表14-2、表14-3。要求:确认工程收入,结转工程成本。

② 4月16日,收到江滨市新光厂上述工程价款,其中转账支票金额2 180 000元,收到支付期为2019年5月16日的银行承兑汇票一张,金额1 308 000元。原始凭证见表14-4、表14-5。

③ 4月17日,黄海集团世纪家园一期工程如期完工,按施工合同规定实行按工程形象进度划分不同阶段,分段结算工程价款。工程合同总价58 000 000元,一期工程费用支出13 500 000元(本月二期尚未施工),按工程预算还将发生工程支出31 500 000元。原始凭证见表14-6、表14-7。要求:按照完工百分比确认本阶段的工程收入,结转工程成本,结转已预收资金。

④ 4月18日,江滨市宏伟建筑工程公司根据工程施工分包合同,金帝家园一期装饰工

程已如期完工通过验收，经建设单位泰龙有限公司签证工程款为 510 000 元，公司向建设单位提供 510 000 元的工程款发票一张。原始凭证见表 14-8。要求：作出工程价款结算的处理。

⑤ 4 月 18 日，根据分包单位提出的"工程价款结算单"，经审核应付宝山建筑工程公司工程款 510 000 元（已记入金帝家园一期工程成本）并按照合同规定，从应付宝山建筑工程公司工程款中扣回预付工程款 50 000 元。原始凭证见表 14-9、表 14-10。要求：作出与分包单位工程价款结算的处理。

⑥ 4 月 20 日，以转账支票支付应付宝山建筑工程公司款项 460 000 元。原始凭证见表 14-11、表 14-12。要求：作出工程款支付的处理。

⑦ 4 月 26 日，江滨市宏伟建筑工程公司附属预制构件厂向安厦建筑有限公司销售一批金属构件，销售价款 954 000（不含税价款，增值税率为 3%）。货物已发出，款项已收存银行。该构件成本 750 000 元。原始凭证见表 14-13、表 14-14、表 14-15。要求：作出销售金属构件及成本结转的处理。

⑧ 计算并结转本月应交城建税、教育费附加。原始凭证见表 14-16。

表 14-2　江滨市新光厂厂房改造工程价款结算表

2019 年 4 月 6 日　　　　　　　　　　　　单位：元

单位工程名称	工程合同价	工程决算值	前期已收工程款	本月未收工程款
江滨市新光厂	3 200 000	3 200 000		3 200 000

发包单位：江滨市新光厂　　　　　　施工单位：江滨市宏伟建筑工程公司

表 14-3　江滨市增值税专用发票

发　票　联

开票日期 2019 年 4 月 6 日

购货单位	名　称	江滨市宏伟建筑工程公司	密码区	
	纳税人识别号	112011848140889		
	地　址	江滨东路 668 号		
	开户银行及账号	建设银行江滨分行 666666888888		

货物或应税劳务名称	规格型号	单位	数量	单价	金额 百十万千百十元角分	税额 十万千百十元角分
江滨市新光厂厂房改造					3 2 0 0 0 0 0 0	2 8 8 0 0 0 0 0

价税合计（大写）	参佰肆拾捌万捌仟元整	金额小写 ¥3 488 000.00	税率	9%

供货单位	单位名称	江滨市新光厂		
	纳税人识别号	5665787832178	备注	
	地　址	江滨南路 12 号		
	开户银行及账号	建设银行江滨分行 50066850066887		

收款单位盖章　　　　收款人：刘　明　　　　开票人：李　冰

表 14-4 中国建设银行进账单（收款通知）

2019 年 4 月 16 日

出票人	全 称	江滨市新光厂	收款人	全 称	江滨市宏伟建筑工程公司
	账 号	50066850066887		账 号	666666888888
	开户银行	建设银行江滨分行		开户银行	建设银行江滨分行
人民币（大写）		贰佰壹拾捌万元整	亿千百十万千百十元角分 ￥ 2 1 8 0 0 0 0 0 0		
票据种类		转账支票			
票据张数		一张			
单位主管		会计　　　复核　　　记账			

此联是收款人开户行交给收款人的通知

（建设银行江滨分行 2019.4.16 转讫章）(5)

表 14-5 银行承兑汇票

出票日期：贰零贰零年零肆月壹拾陆日（大写）

付款人	全 称	江滨市新光厂	收款人	全 称	江滨市宏伟建筑工程公司
	账 号	50066850066887		账 号	666666888888
	开户银行	建设银行江滨分行		开户银行	建设银行江滨分行
人民币（大写）		壹佰叁拾捌仟元整	亿千百十万千百十元角分 ￥ 1 3 8 0 0 0 0 0		
汇票到期日（大写）		贰零壹玖年零伍月壹拾陆日	付款行	行号	122220002545
承兑协议编号		324522		地址	江滨杭宁路 20 号
本汇票请你行承兑，此项汇票款我单位按承兑协议于到期前足额交存你行，到期后请于支付。 出票人签章（江滨市新光厂 财务专用章 1001124411）			备注	中国建设银行江滨分行 2019.4.16 票据办理章	复核　　　记账

表 14-6 世纪家园工程价款结算表

2019 年 4 月 17 日　　　　　　　　　　单位：元

单位工程名称	工程合同价	本期完成的工作量	本期已收工程款		本期未收的工程款
			已拨款	甲方供料	
黄海集团世纪家园	58 000 000	13 500 000	3 000 000	500 000	13 900 000

发包单位：江滨市黄海集团　　　　　　施工单位：江滨市宏伟建筑工程公司

表 14-7　江滨市增值税专用发票

发　票　联

开票日期 2019 年 4 月 17 日

购货单位	名　称	江滨市宏伟建筑工程公司	密码区
	纳税人识别号	112011848140889	
	地　址	江滨东路 668 号	
	开户银行及账号	建设银行江滨分行 666666888888	

货物或应税劳务名称	规格型号	单位	数量	单价	金　　　额 百 十 万 千 百 十 元 角 分	税　　　额 十 万 千 百 十 元 角 分
世纪家园					1 7 4 0 0 0 0 0 0	1 5 6 6 0 0 0 0

价税合计（大写）	壹佰捌拾玖万陆仟陆佰元整	金额小写 ¥1 896 600.00	税率	9%

供货单位名称	江滨市黄海集团	备注
纳税人识别号	5665787835367	
地　址	江滨西路 5 号	
开户银行及账号	建设银行江滨分行 50066850056577	

收款单位盖章　　　收款人：顾　力　　　开票人：王　晴

表 14-8　江滨市增值税专用发票

发　票　联

开票日期 2019 年 4 月 18 日

购货单位	名　称	江滨市宏伟建筑工程公司	密码区
	纳税人识别号	112011848140889	
	地　址	江滨东路 668 号	
	开户银行及账号	建设银行江滨分行 666666888888	

货物或应税劳务名称	规格型号	单位	数量	单价	金　　　额 百 十 万 千 百 十 元 角 分	税　　　额 十 万 千 百 十 元 角 分
金帝家园					5 1 0 0 0 0 0 0	4 5 9 0 0 0 0

价税合计（大写）	伍拾伍万伍仟玖佰元整	金额小写 ¥555 900.00	税率	9%

供货单位名称	泰龙有限公司	备注
纳税人识别号	5665764688964	
地　址	江滨西路 129 号	
开户银行及账号	建设银行江滨分行 50066850057893	

收款单位盖章　　　收款人：刘　强　　　开票人：四　凤

表 14-9　金帝家园一期装饰工程价款结算表

2019 年 4 月 18 日　　　　　　　　　　　　　单位：元

单位工程名称	工程合同价	工程决算值	前期已预付工程款	本月未收工程款
金帝家园一期装饰	510 000	510 000	50 000	460 000

总包单位：宏伟建筑工程公司　　　　　分包单位：宝山建筑工程公司

表 14-10　江滨市增值税专用发票

发 票 联

开票日期 2019 年 4 月 18 日

购货单位	名　称	江滨市宏伟建筑工程公司	密码区		
	纳税人识别号	112011848140889			
	地　址	江滨东路 668 号			
	开户银行及账号	建设银行江滨分行 666666888888			

货物或应税劳务名称	规格型号	单位	数量	单价	金　　　额									税　　　额								
					百	十	万	千	百	十	元	角	分	十	万	千	百	十	元	角	分
金帝家园							5	1	0	0	0	0	0			4	5	9	0	0	0

价税合计（大写）	伍拾伍万伍仟玖佰元整	金额小写 ¥ 555 900.00	税率	9%

供货单位	单位名称	宝山建筑工程公司	备注	
	纳税人识别号	5665764347899		
	地　址	江滨西路 777 号		
	开户银行及账号	建设银行江滨分行 50066850034543		

收款单位盖章　　　　　收款人：硕 力　　　　　开票人：王 晴

表 14-11　中国建设银行

现金支票存根

VIV：005894529

科　目

对方科目

出票日期　2019 年 4 月 20 日

收款人：	宝山建筑工程公司
金　额：	460 000
用　途：	工程款

表 14-12　专用收款收据

收款日期　2019 年 4 月 20 日

付款单位	江滨市宏伟建筑工程公司				收款单位					宝山建筑工程公司		
人民币（大写）	肆拾陆万元整	百	十	万	千	百	十	元	角	分	结算方式	转账
		¥	4	6	0	0	0	0	0	0		
事　由	工程款						经办部门					
							经办人员					
上述款项照数收讫开据 收款单位财务章			会计主管 古凤		稽 核 孙震		出 纳 赵宝刚			交款人 王威		

表 14-13　江滨市增值税专用发票

发　票　联

开票日期 2019 年 4 月 26 日

购货单位	名　称	安厦建筑有限公司	密码区																
	纳税人识别号	566576434112216																	
	地　址	江滨西路 448 号																	
	开户银行及账号	建设银行江滨分行 4006786002585006																	

货物或应税劳务名称	规格型号	单位	数量	单价	金　额								税　额						
					百	十	万	千	百	十	元	角	分	十	万	千	百	十	元	角	分
金属构件		批	100	9 540			9	5	4	0	0	0	0			2	8	6	2	0	0	0

价税合计（大写）	玖拾捌万贰仟陆佰贰拾元整	金额小写￥982 620.00	税率	3%

供货单位名称	江滨市宏伟建筑工程公司	备注
纳税人识别号	112011848140889	
地　址	江滨东路 668 号	
开户银行及账号	建行江滨分行 666666888888	

收款单位盖章　　　　　收款人：张　军　　　　　开票人：贾　明

表 14-14　中国建设银行进账单（收账通知）

2019 年 4 月 26 日

出票人	全　称	安厦建筑有限公司	收款人	全　称	江滨市宏伟建筑工程公司
	账　号	4006786002585006		账　号	666666888888
	开户银行	建设银行江滨分行		开户银行	建设银行江滨分行

人民币（大写）：玖拾捌万贰仟陆佰贰拾元整	百	十	万	千	百	十	元	角	分
	￥		9	8	2	6	2	0	0	0

票据种类	转账支票	出票人开户银行盖章
票据张数	一张	
单位主管　　　会计　　　复核　　　记账		

表 14-15　产品出库单

编号：20080102

购货单位：安厦建筑有限公司　　2019 年 4 月 26 日　　仓库：产成品仓库

产品类别	产品编号	产品名称及规格	计量单位	数　量		单位成本	总成本
				请发	实发		
		金属构件	批	100	100	750 000	

备注：

审核：　　　　　　　　　　　　　制表：

表 14-16 4 月份税金计提表

2019 年 4 月 30 日

科目	计税基数	税率	税　额
城建税		7%	
教育费附加		3%	
合计			

审核：　　　　　　　　　　　　　　　　制表：

表 14-17 税收综合纳税申报表

填报日期：　　年　　月　　日　　　　　　计量单位：元

纳税人名称							纳税人地址			
纳税人识别号							纳税人电话			
税款所属期限										
税目	收入总额或增值税、消费税税额	允许扣除金额	计税金额	税率	申报应纳税额	已纳税额	减免税额	本期实际申报税额
增值税								
城建税								
教育费附加								
个人所得税								
纳税人声明	本单位所申报的以上内容真实、准确，如有虚假内容，愿承担法律责任。 法人代表签章：（公章） 　　　　年　月　日		代理人声明		本纳税申报表是根据国家税收法律和税务机关有关规定填报的，我确信它是真实、可靠完整的，如有不实，我愿意承担法律责任。 代理人签章： 经办人签章： 　　　　年　月　日		以下由税务机关填写 受理申报日期： 受理人签名（章）：年 月 日 复核人签名（章）	

【实训要求】

1. 根据资料 1，开立主营业务收入和其他业务收入、营业外收入和营业外支出明细账簿。
2. 根据资料 2，编制记账凭证并登记相关收入明细账，并进行结账。
3. 填写税收综合纳税申报表（见表 14-17）。

实训十五 利润核算的训练

【实训目的】

能计算应纳税所得额,能确认所得税费用和应交所得税,具有对利润形成进行核算的能力。

【实训资料】

资料1:江滨市宏伟建筑工程公司2019年12月末有关损益类账号的余额见表15-1,假设该公司采用表结法核算本年利润,"利润分配—未分配利润"账号无年初余额。

表15-1 2019年12月末各损益类账号的余额情况表   单位:元

会计科目	贷方余额	借方余额
主营业务收入	25 000 000	
主营业务成本		11 800 000
其他业务收入	2 500 000	
其他业务成本		2 000 000
税金及附加		5 380 000
管理费用		1 800 000
财务费用		1 200 000
营业外收入	150 000	
营业外支出		200 000
投资收益	200 000	
资产减值损失		30 000

资料2:江滨市宏伟建筑工程公司2019年发生的有关交易和事项中,有会计处理与税收处理存在的差异,与所得税核算有关的情况如下(该公司适用的所得税税率25%,2019年期初不存在递延所得税资产及递延所得税负债):

① 2019年初开始计提折旧的一项固定资产,成本为600 000元,使用年限为6年,净残值为0,会计处理按双倍余额递减法计提折旧,税法处理按直线法计提折旧。假定税法规定的使用年限及净残值与会计规定相同。

② 2019年度向关联企业提供现金捐赠10 000元,假定按照税法规定,企业向关联方的捐赠不允许税前扣除。

③ 2019年度应付违反环保法规定罚款10 000元。

④ 2019年末对持有的某种存货计提了2 000元的存货跌价准备(该存货期初成本70 000元)。

资料3:江滨市宏伟建筑工程公司2019年年末按10%的比例提取法定盈余公积金,剩余利润的50%应付给投资者,其余50%作为企业留存。

【实训要求】
1. 将损益类账号余额转入"本年利润"账号。
2. 计算资产负债表的差异,填制表 15-2。
3. 计算 2019 年度应纳税所得额,计算并确认 2019 年度的所得税费用和应交所得税,填制表 15-3。
4. 填写 2019 年企业年度所得税纳税申报表 15-4。
5. 进行利润分配业务处理,填制表 15-5,将"本年利润"账号和"利润分配"各个明细账号余额转入"利润分配—未分配利润"。

表 15-2 2019 年年末资产负债表的差异   单位:元

项目	账面价值	计税基础	差异	
			应纳税暂时性差异	可抵扣暂时性差异
存货				
固定资产				
固定资产原价				
减:累计折旧				
固定资产账面价值				
其他应付款				
总 计				

审核: 制表:

表 15-3 所得税计算表
2019 年 12 月 31 日

项 目	金 额
税前会计利润	
加:纳税调整增加额	
减:纳税调整减少额	
应纳税所得税额	
所得税税率	
本期应交所得税	
本期所得税费用	

审核: 制表:

表 15-4 企业所得税年度纳税申报表

税款所属期间   年 月 日至 年 月 日

纳税人识别号   金额单位:元

	纳税人名称				
	纳税人地址		邮政编码		
	纳税人所属经济类型		纳税人所属行业		
	纳税人开户银行		账 号		
收	行次	项 目			金 额
	1	销售(营业)收入			

续表

收入总额	2	减：销售退回	
	3	折扣与折让	
	4	销售（营业）收入净额（1－2－3）	
	5	其中：免税的销售（营业）收入	
	6	特许使用费收益	
	7	投资效益	
	8	投资转让净收益	
	9	租赁净收益	
	10	汇兑净收益	
	11	资产盘盈净收益	
	12	补贴收入	
	13	其他收入	
	14	收入总额合计（4+6+7+8+9+10+11+12+13）	
扣除项目	15	销售（营业）成本	
	16	期间费用合计（17+…+41）	
	17	其中：工资薪金	
	18	职工福利费、职工工会经费、职工教育经费	
	19	固定资产折旧	
	20	无形资产、递延资产摊销	
	21	研究开发费用	
	22	利息净支出	
	23	汇兑净损失	
	24	租金净支出	
	25	上缴总机构管理费	
	26	业务招待费	
	27	税金	
	28	坏账损失	
	29	计提的坏账准备金	
	30	资产盘亏、毁损和报废净损失	
	31	投资转让净损失	
	32	社会保险缴款	
	33	劳动保护费	
	34	广告支出	
	35	捐赠支出	
	36	审计、咨询、诉讼费	
	37	差旅费	
	38	会议费	
	39	运输、装卸、包装、保险、展览费等销售费用	
	40	矿产资源补偿费	
	41	其他扣除费用项目	
应纳税所得额的计算	42	纳税调整前所得（14－15－16）	
	43	加：纳税调整增加额（44+…+58）	
	44	其中：工资薪金纳税调整额	
	45	职工福利费、职工工会经费和职工教育经费的纳税调整额	
	46	利息支出纳税调整额	
	47	广告支出纳税调整额	
	48	业务招待费纳税调整额	
	49	赞助支出纳税调整额	
	50	捐赠支出纳税调整额	

续表

应纳税所得额的计算	51	折旧、摊销支出纳税调整额	
	52	坏账损失纳税调整额	
	53	坏账准备纳税调整额	
	54	罚款、罚金或滞纳金	
	55	存货跌价准备	
	56	无形资产减值准备	
	57	长期投资跌价准备	
	58	其他纳税调整增加项目	
	59	减：纳税调整减少额（60+61）	
	60	其中：研究开发费用附加扣除额	
	61	其他纳税调整减少项目	
	62	纳税调整后所得（42+43-59）	
	63	减：弥补以前年度亏损	
	64	减：免税所得（65+…+71）	
	65	其中：国债利息所得	
	66	免税的补贴收入	
	67	免税的纳入预算管理的基金、收费或附加	
	68	免于补税的投资收益	
	69	免税的技术转让收益	
	70	免税的治理"三废"收益	
	71	其他免税所得	
	72	应纳税所得额	
	73	适用税率	
	74	应缴所得税额	
应缴所得税	75	减：期初多缴所得税额	
	76	已预缴的所得税额	
	77	应补税的境内投资收益的抵免税额	
	78	应补税的境外投资收益的抵免税额	
	79	经批准减免的所得税额	
	80	应补（退）的所得税额（74-…-79）	

纳税人代表签章： 纳税人单位公章： 日　　期： 联系电话：	代理申报中介机构签章： 日　　期： 经办人： 经办人执业证件号码： 联系电话：
以下由税务机关填写： 经办人： 受理申报日期： 审核人：　　　　　审核日期：	受理申报税务机关公章

表 15-5　利润分配计算表

2019 年 12 月 31 日　　　　　　　　　　单位：元

利润分配项目	分配金额	分配额
提取盈余公积金		
对外分配利润		

审核：　　　　　　　　　　　　　　　制表：

实训十六 财务报表编制的训练

【实训目的】

能读懂并能编制财务报表，具有编制资产负债表、利润表、现金流量表的能力。

【实训资料】

资料1：江滨市宏伟建筑工程公司2019年11月30日的资产负债表及2019年12月有关科目汇总表见表16-1、表16-2、表16-3、表16-4。

表 16-1　资产负债表　　　　　　　　　　　会企02表

编表单位：江滨市宏伟建筑工程公司　　2019年11月30日　　　　单位：元

资产	月初数	月末数	负债及所有者权益	月初数	月末数
流动资产：	略		**流动负债：**	略	
货币资金		5 493 037.49	短期借款		1 000 000.00
交易性金融资产			交易性金融负债		
应收票据		500 000.00	应付票据		
应收账款		12 597 039.74	应付账款		2 986 543.55
预付账款			预收账款		6 593 215.00
应收利息			应付职工薪酬		472 681.41
应收股利			应交税费		20 798.00
其他应收款		127 600.00	应付股利		
存货		12 288 353.88	其他应付款		21 086.66
一年内到期的非流动资产			一年内到期的长期负债		
其他流动资产			其他流动负债		
流动资产合计		31 006 031.11	**流动负债合计**		11 094 324.62
非流动资产：			**非流动负债：**		
长期应收款			长期借款		10 982 400.00
长期股权投资		16 155 000.00	长期应付款		
固定资产		2 439 184.21	递延所得税负债		
在建工程			其他非流动负债		
工程物资			**非流动负债合计**		10 982 400.00
固定资产清理			**负债合计**		22 076 724.62
临时设施		607 119.00	**所有者权益：**		
无形资产			实收资本		18 000 000.00
长期待摊费用			资本公积		2 000 000.00
递延所得税资产			盈余公积		1 040 456.00
其他非流动资产			未分配利润		7 090 153.70
非流动资产合计		19 201 303.21	**所有者权益合计**		28 130 609.70
资产总计		50 207 334.32	**负债及所有者权益合计**		50 207 334.32

单位负责人：　　　财务负责人：　　　制表：　　　报出日期：　　　年　　月　　日

表 16-2 科目汇总表

2019 年 12 月 1 日至 12 月 10 日   单位：元

会计科目	本期发生额汇总	
	借　　方	贷　　方
库存现金	13 132.00	8 304.00
银行存款	267 986.00	2 115 553.44
原材料	630 662.00	70 000.00
应收账款	231 600.00	361 201.00
其他应收款	5 000.00	2 000.00
委托加工物资	70 000.00	
周转材料	1 500.00	375.00
工程施工	1 569 353.92	231 600.00
工程结算	231 600.00	231 600.00
预收账款	93 215.00	
应付账款	548 730.00	586 755.00
应付职工薪酬	1 416.44	
管理费用	12 403.00	
主营业务收入		231 600.00
主营业务成本	162 390.08	
合　　计	3 838 988.44	3 838 988.44

表 16-3 科目汇总表

2019 年 12 月 11 日至 12 月 20 日   单位：元

会计科目	本期发生额汇总	
	借　　方	贷　　方
库存现金	336 590.00	335 784.31
银行存款	280.00	1 292 126.33
其他货币资金		210 000.00
原材料	93 180.96	13 600.00
其他应收款	180 000.00	2 500.00
预付账款	15 000.00	
周转材料	400 320.00	192 400.00
生产成本	31 678.40	
工程施工	374 074.20	
应付账款	820 818.00	
应付票据		386 500.00
应付职工薪酬	388 390.00	442 764.60
应交税费	20 798.00	2 296.00
其他应付款	197 636.97	228 445.12
管理费用	248 849.83	1 200.00
合　　计	3 107 616.36	3 107 616.36

表 16-4　科目汇总表

2019 年 12 月 21 日至 12 月 31 日　　　　　　单位：元

会计科目	本期发生额汇总	
	借　方	贷　方
库存现金		7 160.00
银行存款	2 326 500.00	956 311.80
其他货币资金	100 000.00	
原材料	1 329 000.00	2 977 287.38
委托加工物资	34 000.00	104 000.00
周转材料		70 246.50
生产成本	29 533.04	62 987.74
工程施工	6 270 384.03	14 395 180.00
应收账款	14 395 180.00	7 800 000.00
坏账准备	176 122.26	
应收票据	1 000 000.00	500 000.00
预付账款		15 000.00
其他应收款	3 360.00	15 703.00
长期股权投资		15 000.00
累计折旧		39 411.88
临时设施		360 983.00
临时设施摊销	315 860.00	85 770.00
临时设施清理	45 123.00	45 123.00
工程结算	14 395 180.00	14 395 180.00
短期借款	700 000.00	
应付账款	20 475.00	1 160 000.00
预收账款	5 000 000.00	
应付职工薪酬	19 945.00	
其他应付款	7 500.00	
应交税费		1 233 917.75
长期借款		56 000.00
管理费用	33 317.71	291 594.24
财务费用	62 000.00	62 000.00
主营业务收入	14 626 780.00	14 395 180.00
主营业务成本	11 356 213.52	11 518 603.60
营业外支出	35 703.00	35 703.00
营业税金及附加	487 071.77	487 071.77
本年利润	16 972 126.63	14 611 780.00
利润分配	1 163 001.10	4 458 170.85
所得税费用	746 845.98	746 845.98
盈余公积		581 500.55
投资收益	15 000.00	15 000.00
合　计	91 507 712.04	91 507 712.04

资料 2：江滨市宏伟建筑工程公司 2019 年发生了以下相关的经济业务，假定期初现金及现金等价物余额 140 600 万元，所得税税率为 25%，不考虑资产和负债项目的暂时性差异。

① 购入钢材一批，货款 20 000 元，增值税 3 400 万元，材料验收入库，款项未付。

② 接受广厦公司投资 200 000 元，已存入银行。

③ 用银行存款 150 000 元偿还短期借款本金。

④ 从银行借入长期借款 400 000 元，年度内实际支付利息 50 000 元。

⑤ 分配并支付工资 55 000 万元，其中支付管理人员工资 5 000 元，支付建安工人工资 50 000 元。

⑥ 对安厦公司的长期股权投资比例为 10%，采用成本法核算。安厦公司本年度实现净利润 500 000 元，实际分得现金股利 15 000 元存入银行。

⑦ 年初购入交易性金融资产 10 000 股的股票，每股 10 元，支付相关税费 2 400 万元；年末该交易性金融资产的公允价值每股 16 元，出售 5 000 股，款项存入银行。

⑧ 计提固定资产折旧 160 000 元，其中公司行政管理部门计提折旧 40 000 元，项目部计提折旧 120 000 元。

⑨ 出售办公设备一台，设备原价 30 000 元，已提折旧 5 000 元，所得价款 15 000 元，支付清理费 2 000 元。

⑩ 摊销无形资产价值 50 000 元。

⑪ 与业主结算工程价款，取得收入 1 200 000 元，存入银行。

⑫ 年末支付分包单位工程款 100 000 元。

⑬ 计算本年应交所得税 200 000 元，本年实际缴纳所得税 180 000 元，缴纳增值税 55 000 元。

⑭ 提取盈余公积 30 000 元，用银行存款支付现金股利 8 000 元。

【实训要求】

1. 编制江滨市宏伟建筑工程公司 2019 年 12 月的资产负债表，见表 16-5。

2. 编制江滨市宏伟建筑工程公司 2019 年 12 月的利润表，见表 16-6。

3. 根据资料 2 江滨市宏伟建筑工程公司 2019 年相关的经济业务，编制现金流量表正表部分，见表 16-7。

表 16-5 资产负债表

编制单位：　　　　　　　　　　年　　月　　日　　　　　　　　　　单位：元

资产	期初余额	期末余额	负债和所有者权益(或股东权益)	期初余额	期末余额
流动资产：			流动负债：		
货币资金			短期借款		
交易性金融资产			交易性金融负债		
应收票据			应付票据		
应收账款			应付账款		
预付账款			预收款项		
应收股利			应付职工薪酬		
应收利息			应交税费		
其他应收款			应付利息		
存货			应付利润		
一年内到期的非流动资产			其他应付款		
其他流动资产			一年内到期的非流动负债		
流动资产合计			其他流动负债		
非流动资产：			流动负债合计		
可供出售金融资产			非流动负债：		
持有至到期投资			长期借款		
长期应收款			应付债券		
长期股权投资			长期应付款		
投资性房地产			专项应付款		
固定资产			预计负债		
在建工程			递延所得税负债		
工程物资			其他非流动负债		
固定资产清理			非流动负债合计		
无形资产			负债合计		
开发支出			所有者权益：		
商誉			实收资本		
长期待摊费用			资本公积		
递延所得税资产			减：库存股		
其他非流动资产			盈余公积		
非流动资产合计			未分配利润		
			所有者权益合计		
资产合计			负债和所有者权益合计		

企业负责人：　　　　　　　　财务负责人：　　　　　　　制表：

表 16-6　利润表

编制单位：　　　　　　　　　　　　　　年　　月　　　　　　　　　　　　单位：元

项　目	行次	本月数	本年累计数
一、营业收入			
减：营业成本			
营业税费			
营业费用			
管理费用			
财务费用			
资产减值损失			
加：公允价值变动净收益			
投资净收益			
二、营业利润			
加：营业外收入			
减：营业外支出			
其中：非流动资产处置净损失			
三、利润总额			
减：所得税			
四、净利润			
五、每股收益：			
（一）基本每股收益			
（二）稀释每股收益			

企业负责人：　　　　　　　　　　　财务负责人：　　　　　　　　制表：

表 16-7　现金流量表　　　　　　　　　　　　　　　　　　　　　　会企 03 表

编制单位：　　　　　　　　　　　　　　年　度　　　　　　　　　　　　　单位：元

项　目	本期金额	上期金额
一、经营活动产生的现金流量		（略）
承包工程、销售商品、提供劳务收到的现金		
收到的税费返还		
收到其他与经营活动有关的现金		
经营活动现金流入小计		
发包工程、购买商品、接受劳务支付的现金		
支付给职工以及为职工支付的现金		
支付的各项税费		
支付其他与经营活动有关的现金		
经营活动现金流出小计		

续表

经营活动产生的现金流量净额		
二、投资活动产生的现金流量		
收回投资收到的现金		
取得投资收益收到的现金		
处置固定资产、无形资产和其他长期资产收回的现金净额		
处置子公司及其他营业单位收到的现金净额		
收到其他与投资活动有关的现金		
投资活动现金流入小计		
购建固定资产、无形资产和其他长期资产支付的现金		
投资支付的现金		
取得子公司及其他营业单位支付的现金净额		
支付其他与投资活动有关的现金		
投资活动现金流出小计		
投资活动产生的现金流量净额		
三、筹资活动产生的现金流量		
吸收投资收到的现金		
取得借款收到的现金		
收到其他与筹资活动有关的现金		
筹资活动现金流入小计		
偿还债务支付的现金		
分配股利、利润或偿付利息支付的现金		
支付其他与筹资活动有关的现金		
筹资活动现金流出小计		
筹资活动产生的现金流量净额		
四、汇率变动对现金及现金等价物的影响		
五、现金及现金等价物净增加额		
加：期初现金及现金等价物余额		
六、期末现金及现金等价物余额		
补充资料	略	略
1. 将净利润调节为经营活动现金流量		
净利润		
加：资产减值准备		
固定资产折旧、油气资产折耗、生产性生物资产折旧		
无形资产摊销		
长期待摊费用摊销		
处置固定资产、无形资产和其他长期资产的损失（收益以"—"号填列）		

续表

固定资产报废损失（收益以"—"号填列）		
公允价值变动损失（收益以"—"号填列）		
财务费用（收益以"—"号填列）		
投资损失（收益以"—"号填列）		
递延所得税资产减少（增加以"—"号填列）		
递延所得税负债增加（减少以"—"号填列）		
存货的减少（增加以"—"号填列）		
经营性应收项目的减少（增加以"—"号填列）		
经营性应付项目的增加（减少以"—"号填列）		
其他		
经营活动产生的现金流量净额		
2. 不涉及现金收支的重大投资和筹资活动		
债务转为资本		
一年内到期的可转换公司债券		
融资租入固定资产		
3. 现金及现金等价物净变动情况		
现金的期末余额		
减：现金的期初余额		
加：现金等价物的期末余额		
减：现金等价物的期初余额		
现金及现金等价物净增加额		

单位负责人： 　　　　　　财务负责人： 　　　　　制表：

第三篇　模拟实训用记账凭证及账簿样本

总　账

会计科目_____

年 月 日	凭证号	摘要	借方 十亿千百十万千百十元角分	贷方 十亿千百十万千百十元角分	核对号	借或贷	余额 十亿千百十万千百十元角分

明 细 账

会计科目_____ 明细科目_____ 子目_____ 总页_____ 分页_____

年		凭证号	摘要	借方										贷方										核对号	借或贷	余额									
月	日			亿	千	百	十	万	千	百	十	元	角	分	亿	千	百	十	万	千	百	十	元	角	分			亿	千	百	十	万	千	百	十	元	角	分

银行存款日记账

年		凭证号	摘要	对方科目	结算种类	结算凭证号	借方								贷方								核对号	余额							
月	日						千	百	十	万	千	百	十	元	角	分	千	百	十	万	千	百	十	元	角	分		千	百	十	万	千	百	十	元	角	分

现金日记账

年		凭证号	摘要	对方科目	借方 千百十万千百十元角分	贷方 千百十万千百十元角分	核对号	余额 千百十万千百十元角分
月	日							

编号	
名称	
材质	
规格	

材 料 明 细 账

最高存量_____　　　　　　　　　　　　　　总页

最低存量_____　贮备天数_____　计量单位_____　　分页

年		凭证号	摘要	收入			付出						核对号	余额		
							生产耗用			其他拨出						
月	日			数量	单价	金额 十万千百十元角分	数量	单价	金额 十万千百十元角分	数量	单价	金额 十万千百十元角分		数量	单价	金额 十万千百十元角分

记 账 凭 证 汇 总 表

20　年　月　日　　　　　凭证_____
　　　　　　　　　　　　编号_____

会计科目	亿	千	百	十	万	千	百	十	元	角	分	亿	千	百	十	万	千	百	十	元	角	分	总账页次

会计主管人员　　　记账　　　稽核　　　制单

收 款 凭 证

20   年   月   日

凭证编号_____   出纳编号_____

借方科目

摘要	结算方式	票号	贷方科目		金额									记账符号
			总账科目	明细科目	亿	千	百	十	万	千	百	十	元	角	分	
附单据 张			合 计													

会计主管人员   记账   稽核   制单   出纳   交款人

付 款 凭 证

20   年   月   日

凭证编号_____   出纳编号_____

贷方科目

摘要	结算方式	票号	借方科目		金额									记账符号
			总账科目	明细科目	亿	千	百	十	万	千	百	十	元	角	分	
附单据 张			合 计													

会计主管人员   记账   稽核   制单   出纳   交款人

通用记账凭证
20 年 月 日

出纳编号_____

凭证编号_____

摘要	结算方式	票号	借方科目		贷方科目		金额											记账符号
			总账科目	明细科目	总账科目	明细科目	亿	千	百	十	万	千	百	十	元	角	分	
附单据　　　　张			合　　　计															

会计主管人员　　　　记账　　　稽核　　　制单　　　　出纳　　　交领款人

转账记账凭证
20 年 月 日

出纳编号_____

凭证编号_____

摘要	结算方式	票号	会计科目		借方金额									贷方金额									记账符号
			总账科目	明细科目	亿	千	百	十	万	千	百	十	元	角	分	亿	千	百	十	万	千	百	十	元	角	分	
附单据　　　张			合　　计																				

会计主管人员　　　　记账　　　　稽核　　　　制单

银行存款余额调节表
20 年 月 日

项目	金额	项目	金额
企业银行存款余额		银行对账单企业存款余额	
加：		加：	
减：		减：	
调整后余额		调整后余额	

参 考 文 献

［1］ 黄雅平，刘宇. 建筑企业会计综合模拟实训. 北京：中国建筑出版社，2008.
［2］ 黄雅平，李爱华. 建筑企业会计实务. 北京：化学工业出版社，2012.
［3］ 中华人民共和国财政部. 企业会计准则 2006. 北京：经济科学出版社，2006.
［4］ 财政部会计资格评价中心. 中级会计实务. 北京：经济科学出版社，2012.